Die »Industrielle Revolution« läutete »moderne Zeiten« ein, doch sie brachte nicht nur Wohlstand für die industrialisierten Länder, sondern auch vielfältige Probleme. Toni Pierenkemper beleuchtet die technischen, wirtschaftlichen und sozialen Veränderungen im vergangenen Jahrhundert in ihrer ganzen Widersprüchlichkeit und Vielfalt. Er untersucht die Entwicklungen in England, Belgien, Frankreich, Preußen und Rußland und zeigt, daß die Industrialisierung weder in allen Ländern zum selben Zeitpunkt noch gleichförmig verlief.

Toni Pierenkemper stellt die Industrielle Revolution als langfristigen Prozeß dar, bei dem ökonomische Ressourcen, technische Neuerungen, unternehmerische Initiative sowie der Umfang und die Qualifikation der Arbeitskräfte in den einzelnen Ländern beschleunigend oder verzögernd wirken konnten.

Toni Pierenkemper, geboren 1944, ist seit 1990 Professor für Wirtschafts- und Sozialgeschichte an der Johann Wolfgang Goethe-Universität in Frankfurt am Main.

Europäische Geschichte

Herausgegeben von Wolfgang Benz

Konzeption: Wolfgang Benz,
Rebekka Habermas und Walter H. Pehle

Europäische Geschichte

Toni Pierenkemper

Umstrittene Revolutionen

Industrialisierung im 19. Jahrhundert

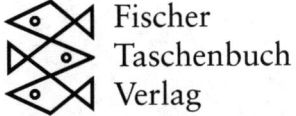
Fischer
Taschenbuch
Verlag

4. – 5. Tausend: Januar 1998

Originalausgabe
Veröffentlicht im Fischer Taschenbuch Verlag GmbH
Frankfurt am Main, Dezember 1996

Redaktion: Tanja Hommen
Gesamtherstellung: Clausen & Bosse, Leck
Printed in Germany
ISBN 3–596–60147–9

Gedruckt auf Munken Print Extra der Papierfabrik Munkedal AB, Schweden

Inhalt

Vorbemerkung

Wenn die Französische Revolution für das 18. Jahrhundert und die beiden Weltkriege für das 20. Jahrhundert die prägenden Ereignisse der europäischen Geschichte darstellen, so bildet die sogenannte »Industrielle Revolution« zweifellos das entscheidende Ereignis des 19. Jahrhunderts. Dieser epochale Prozeß, der die Grundlagen von Staat und Gesellschaft veränderte, ist Gegenstand dieses Buches. Dabei kann es natürlich nicht darum gehen, die weitverzweigte Forschungsdiskussion in allen ihren Facetten aufzuzeigen, sondern es sollen, auch aus Gründen der Lesbarkeit, in einigen kräftigen Strichen die Grundzüge der ökonomischen Entwicklungen in wichtigen europäischen Staaten skizziert und zueinander in Beziehung gesetzt werden. Dazu bedarf es natürlich auch einiger theoretischer Perspektiven, die im Laufe der Darstellung deutlich werden sollen und den Leser den Zusammenhang manchmal voneinander unabhängig erscheinender Ereignisse und Tendenzen erkennen lassen.

Die Tragfähigkeit meiner Thesen habe ich vor Studentinnen und Studenten in Frankfurt am Main und in Washington D. C. überprüfen können. Für die Mithilfe bei der Vorbereitung einzelner Länderkapitel danke ich meinen Mitarbeiterinnen Marie-Luise Georg, Gabi Posniak und Hannelore Philippi sowie meinem Mitarbeiter Ralf Banken.

Die »Industrielle Revolution«
in Großbritannien

Die Wurzeln der Industrialisierung Europas liegen in England. England repräsentiert daher in der Tat »The First Industrial Nation«, so der Titel eines der wichtigsten Werke zum Thema, verfaßt vom Oxforder Wirtschaftshistoriker *Peter Mathias*. Auch dessen Cambridger Kollegin *Phyllis Deane* trägt in ihrem älteren, ebenso wichtigen Werk »The First Industrial Revolution« Bedeutsames zum Thema bei.

Dennoch enthalten beide Titel, so einleuchtend und vertraut sie auf den ersten Blick erscheinen mögen, vom heutigen Forschungsstand her einige Mißverständnisse. Denn weder war es England als Nation, das sich seit dem 18. Jahrhundert industrialisierte, sondern nur wenige, eng umgrenzte Regionen innerhalb des Landes, noch handelte es sich dabei um einen dramatischen, revolutionären Prozeß im landläufigen Sinne, sondern eher um eine graduelle und lang andauernde Entwicklung. Trotzdem läßt sich das Ergebnis dieses Transformationsprozesses durchaus als revolutionär bezeichnen. Immerhin handelte es sich um eine grundlegende Umwälzung der menschlichen Lebensform.[1]

Die Wiege der Industrialisierung Englands stand in der Grafschaft Lancashire. Doch auch in diesem relativ eng umgrenzten Gebiet war es wiederum nicht die ganze Grafschaft, von der aus diese folgenreiche Entwicklung ihren Ausgang nahm. Nur der südliche Teil von Lancashire, in dem sich seit dem 16. Jahrhundert eine Baumwollproduktion, eingebunden in einen eigentümlichen Zusammenhang mit der Landwirtschaft, entwickeln konnte, schaffte am Ende des 18. Jahrhunderts den Sprung in eine industrielle Produktionsweise, während der westliche Teil der Grafschaft, der sich auf Leinenproduktion spezialisiert hatte, sowie sein nordöstlicher Teil mit einem beachtlichen Wolltuchgewerbe dies versäumte. Eine genauere Betrachtung dieses Entstehungszusammenhangs offenbart also, daß der Beginn der Industrialisierung in England recht weit in die Geschichte zurückreicht, in einem kleinräumlichen Rahmen stattfand und eng mit der Landwirtschaft verwoben war.

Auf diese Charakteristika der frühen Industrialisierung wird noch an anderer Stelle zurückzukommen sein. Hier genügt es zunächst festzuhalten, daß die Geschichte der europäischen Industrialisierung *nicht* dem Klischee eines, der Erfindung der Dampfmaschine geschuldeten, plötzlichen Durchbruchs des Fabriksystems entsprach. Dennoch ist es nicht gänzlich falsch, in einem ersten Zugriff die beschleunigte wirtschaftliche Entwicklung Englands bzw. Großbritanniens am Ende des 18. Jahrhunderts als Ausgangspunkt einer säkularen Entwicklung zu nehmen, die bis in die Gegenwart hinein unsere Lebensverhältnisse grundlegend umwandelte. Wodurch nun war sie geprägt, und was unterschied diesen Aufschwung von ähnlichen Expansionsphasen, die in der Geschichte bis dahin gelegentlich zu beobachten waren?

Beginn und Charakter der Industrialisierung

Die dramatischen Entwicklungen, die sich am Ende des 18. Jahrhunderts in einigen Teilen Englands zeigten, blieben den damaligen Zeitgenossen nicht verborgen. Das »Wort Revolution [...] kam den Beobachtern der Szene in Lancashire und Yorkshire schon in den achtziger Jahren des 18. Jahrhunderts beinahe zwanghaft über die Lippen«, erläutert *Ernst Nolte*[2], und er vermag dafür zahlreiche Beispiele anzuführen. Spätestens 1837 wurde dieser Begriff dann populär, als *Adolphe Blanqui*, Professor für »économie industrielle«, diesen Begriff in seiner damals vielgelesenen Geschichte der politischen Ökonomie mehrfach verwandte. Er schreibt dort u. a.: »Kaum dem Gehirn der beiden genialen Männer Watt und Arkwright entsprossen, nahm die industrielle Revolution von England Besitz.«[3] Mit dieser Charakterisierung trug Blanqui zu einem Vorurteil über den Charakter der Industriellen Revolution bei, das sich bis heute hartnäckig behauptet, von der

11

wirtschaftshistorischen Forschung jedoch eindeutig widerlegt wurde. Diese Fehlinterpretation bezieht sich auf den revolutionären Ausbruch wie auf dessen enge Beziehung zu einigen wenigen, isolierten technischen Innovationen, für die James Watt als Erfinder der Dampfmaschine und Richard Arkwright als Erfinder einer neuen Baumwollspinnmaschine als Beispiele dienen. Die Sicht der industriellen Revolution als einer Heldengeschichte großer Erfinder bedarf dringend einer Revision.

Als entscheidend für die weitere Entwicklung sollte sich erweisen, daß zu jener Zeit in England eine neue Produktionsweise geboren wurde, die zu einem langfristig folgenreichen Strukturwandel der Wirtschaft führte. Erstmals entstand eine »Industrie« als Teil des gewerblichen Sektors der Wirtschaft, und insoweit läßt sich die anschließende Industrialisierung als ein überproportionales Wachstum des industriellen Sektors und damit als sektoraler Strukturwandel interpretieren. Dieser Interpretation liegt die Vorstellung zugrunde, daß sich die ökonomischen Aktivitäten innerhalb einer Gesellschaft aufgrund spezifischer sektoraler Produktionsbedingungen und - ergebnisse sinnvollerweise gliedern lassen. Man unterscheidet dann gemeinhin die Urgewinnung (Land- und Forstwirtschaft, Bergbau) vom verarbeitenden Gewerbe (Handwerk und Industrie) und vom Dienstleistungssektor. Industrialisierung bedeutet so nichts anderes als überproportionales Wachstum des gewerblichen, des »sekundären« Sektors, oder – bei genauerem Hinsehen – des industriellen Sektors im Vergleich zu anderen Sektoren und zur Gesamtwirtschaft.

Nimmt man etwa die Beschäftigungsmerkmale zum Maßstab des sektoralen Strukturwandels, so zeigt sich, daß der primäre Sektor tatsächlich im 19. Jahrhundert in Großbritannien dramatisch an Bedeutung verlor, während der Bedeutungsgewinn des sekundären Sektors im frühen 19. Jahrhundert sich nicht weiter fortsetzte (Tab. 1). Die verschiedenen Bereiche des tertiären, des Dienstleistungssektors, füllten die Lücke, wobei insbesondere die wachsende Bedeutung öffentlicher Dienstleistungen augenfällig ist.

12

Tabelle 1: Beschäftigtenanteile in Großbritannien 1801–1951 [4]
(in % aller Beschäftigten)

Jahr	Landwirtschaft Forstwirtschaft Fischerei	Bergbau u. Gewerbe	Handel u. Transport	Häusliche Dienstleistungen	Öffentliche Dienstleistungen u. ä.
1801	35,9	29,7	11,2	11,5	11,8
1821	28,4	38,4	12,1	12,7	8,5
1841	22,2	40,5	14,2	14,5	8,5
1861	18,7	43,6	16,6	14,3	6,9
1881	12,6	43,5	21,3	15,4	7,3
1901	8,7	46,3	21,4	14,1	9,6
1911	8,3	46,4	21,5	13,9	9,9
1931	6,0	45,3	22,7	7,7	18,3
1951	5,0	49,1	21,8	2,2	21,9

In dieser Zusammenstellung wird allerdings die herausragende Stellung der Industrie für das Wachstum des gewerblichen Sektors nicht deutlich. Sie expandierte aber – insbesondere mit dem Aufblühen der Baumwollindustrie im Südosten der englischen Grafschaft Lancashire – am Ende des 18. Jahrhunderts besonders stark. Folgt man den in den 1930er Jahren von *Walther G. Hoffmann* vorgelegten Daten über die Entwicklung der britischen Industrieproduktion, die bis heute die Basis aller folgenden Untersuchungen bilden, so zeigt sich in der Tat eine dramatische Beschleunigung der industriellen Entwicklung Großbritanniens seit den 1780er Jahren. Diese Daten und die darauf aufbauenden Berechnungen von *Deane & Cole* wurden zwar unlängst in Zweifel gezogen und ein bereits wesentlich früher einsetzendes gewerbliches Wachstum in Großbritannien vermutet. Dennoch war es, selbst bei gleichbleibender Bedeutung des gewerblichen Sektors im Rahmen der britischen Gesamtwirtschaft, vor allem der dramatische Wandel innerhalb des Gewerbes, der die »Industrie« hervorbrachte und dort ein bemerkenswertes Wachstum zuließ. Hier ist insbesondere die Baumwollindustrie hervorzuheben, deren Produktion zwischen 1780 und 1790 im Durchschnitt jährlich um

12,76 % wuchs[5] und damit eine Wachstumsrate erreichte, die niemals wieder in dieser Branche erreicht wurde; der Höhepunkt der Expansion der Eisenindustrie zwischen 1790 und 1810 führte zu jährlichen Wachstumsraten zwischen 6 und 8 %, und ähnlich war die Entwicklung der Baumwollindustrie nach 1790.

Nun darf man sich natürlich nicht vorstellen, daß dieser frühe Beginn der britischen Industrialisierung sogleich mit der Etablierung eines gigantischen Fabriksystems einhergegangen wäre. Noch bis zur Mitte des 19. Jahrhunderts blieb die gewerbliche Produktion Großbritanniens insgesamt traditionell geprägt. Die Produktion erfolgte in kleinen Betrieben, häufig noch für den lokalen Markt. Die bedeutendste Ausnahme bildete die Baumwollindustrie, in der in einer eigentümlichen Kombination von maschinentechnischen Innovationen, einer neuen Energiequelle, arbeitsorganisatorischen Neuerungen und einer expandierenden Nachfrage die mechanisierte Fabrik ihren Einzug halten konnte. Doch auch hier hielten sich vorindustrielle Produktionsformen, wie die durch Verleger koordinierte Heimarbeit, noch relativ lange.

Die Frage, warum der glückliche Aufschwung der Baumwollindustrie in Lancashire am Ende des 18. Jahrhunderts jene folgenreiche Wirkung für die ganze Nation und später für die ganze Welt haben konnte, beschäftigt die Nachwelt seit Jahrzehnten, ohne daß darauf eine schlüssige Antwort gegeben werden konnte. Insgesamt gelang es England, auf diesem Wege die vorhandenen ökonomischen Ressourcen in einer neuen, effizienteren Weise zu nutzen. Dieser einfache Grundzusammenhang kompliziert sich jedoch, wenn man sich den konkreten historischen Verhältnissen zuwendet. Denn was als eine ökonomische Ressource zu betrachten ist, hängt nicht nur vom bereits erreichten Entwicklungsniveau einer Gesellschaft ab, sondern z. B. auch von der Verfügbarkeit einander ergänzender Ressourcen. Bevölkerungswachstum z. B. kann sich in diesem Sinne ebenso als Segen wie als Fluch erweisen. Für den Erfolg der Industriellen Revolution in England wird daher häufig nicht zu Unrecht eine besondere und bis dahin einmalige historische Konstellation hinsichtlich der ökonomischen Ressourcen des Landes angeführt.

Die britische Landwirtschaft bzw. der Agrarsektor trug nicht unwesentlich zum Erfolg der Industrialisierung bei. Die landwirtschaftliche Produktion in England erlebte bereits vor der Industrialisierung einen bemerkenswerten Aufschwung, der manchmal etwas euphemistisch als »Agrarrevolution« bezeichnet wird. Vor allem die Klärung der Eigentumsrechte an Grund und Boden im Zuge der Einhegungen, die Veränderungen im Bereich der Anbauweise und Arbeitstechniken sowie die Entstehung einer neuen Gruppe landwirtschaftlicher Unternehmer werden häufig als Ursache für die Expansion des primären Sektors angeführt. Zwar verlor dann die Landwirtschaft im Laufe der industriellen Expansion des 19. Jahrhunderts relativ an Bedeutung, ihr absolutes Wachstum setzte sich jedoch fort und konnte die industrielle Entwicklung in vielfältiger Weise unterstützen, sei es als Anbieter von Nahrungsmitteln, Rohstoffen, Ersparnissen und freigesetzten Arbeitskräften oder auch als Nachfrager für zahlreiche Produkte der industriellen Produktion.

Auch das seit dem 17. Jahrhundert beobachtbare Bevölkerungswachstum läßt sich durchaus als positiv für die Industrialisierung Großbritanniens bezeichnen, obwohl hier Ursache und Wirkung nur schwer voneinander zu trennen sind. Im Jahre 1701 zählte die Bevölkerung Englands ganze 5 Millionen und stieg von da an kontinuierlich und sogar mit wachsenden Raten auf 5,8 Millionen (1751), 8,7 Millionen (1801) und 16,7 Millionen (1851).[6] Dieses Wachstum der Bevölkerung unterstützte den Prozeß der Industrialisierung durch das sich vergrößernde Angebot an günstigen Arbeitskräften und durch eine steigende Nachfrage nach lebensnotwendigen Gütern.

Wichtig für den industriellen Erfolg eines Landes ist auch der Umfang der Kapitalbildung, d. h. der Anteil der laufenden Produktion, der dem unmittelbaren Konsum entzogen und in Produktionsumwege investiert werden kann, welche die zukünftige Produktion vergrößern. Dies ist um so eher möglich, je reicher eine Gesellschaft bereits ist.

Die Investitionsquote, d. h. der Anteil des Sozialprodukts, der jährlich neuen Investitionen zugeführt wird, betrug in Großbritannien um 1760 bereits 6 %, und er stieg in den folgenden Jahren stetig, wenn auch nur allmählich, an: 1801 auf 7,9 %, 1811 auf 8,5 % und erst 1821 auf über 10 %.[7] Diese relativ geringe Steigerung der Investitionsquote während der frühen Industrialisierung hat jedoch zum Aufbau eines industriellen Kapitalstocks völlig ausgereicht, weil die moderate Ausweitung des Anlagevermögens (Fixkapital) mit einer gleichzeitigen Reduzierung des Umlaufkapitals einhergegangen war, in dem bis dahin beachtliche Kapitalien gebunden waren. Darüber hinaus standen investierbare Fonds in größerem Ausmaß zur Verfügung, die durch ein regionales Kreditsystem erschlossen wurden, und auch die neuen Industrieunternehmen erbrachten sehr schnell hohe Gewinne, die zur Reinvestition verwandt werden konnten.

Nötig waren diese Investitionen vor allem, um die Chancen einer neuen Produktionstechnologie nutzen zu können. Hier spielte der Übergang zur Fabrikindustrie in der Baumwollspinnerei eine große Rolle. Dieser wurde durch eine Reihe bahnbrechender Erfindungen in der Branche schrittweise realisiert. Bereits 1764 hatte James Hargreaves eine Spinnmaschine erfunden, für die er 1770 ein Patent erhielt und für die sich der Name »spinning jenny« einbürgerte. Wie dieser Name suggeriert, handelt es sich dabei um ein dem Menschen verwandtes hölzernes Wesen, dessen Betrieb auf Muskelkraft angewiesen war und das sich ausgezeichnet in das damals noch übliche heimgewerblich organisierte Verlagssystem einordnete. Diese einfache Maschine trug wesentlich dazu bei, die spürbare Garnknappheit in der Baumwollproduktion zu beseitigen und damit den Engpaß beim Spinnen gegenüber der größeren Leistungsfähigkeit des Webens zu überwinden. Erst die 1769 durch Richard Arkwright patentierte Waterframe-Spinnmaschine, deren Patent übrigens 1785 wiederaufgehoben wurde, setzte zum Antrieb mechanische Energien voraus und sprengte den heimgewerblichen Produktionszusammenhang in der Baumwollindustrie. Damit war der Weg zur Fabrik gewiesen, deren Energiequelle zunächst noch die Wasserkraft darstellte, die dann bald durch die ortsungebundene Dampfmaschine ersetzt wurde. Nahezu zeitgleich mit den unter anderem durch Samuel Crompton verbesserten Spinnmaschinen (Patent 1779) wurde diese neue Energiemaschine von James Watt entwickelt. Dieser baute bereits

1765/66 drei erste Modelle seiner Erfindung, aber es dauerte noch bis 1769, ehe er eine erste funktionierende Maschine vorstellen konnte. Im Jahre 1776 wurde eine solche Maschine erstmals kommerziell genutzt. Ähnliche Erfolge waren aus der Eisenindustrie zu vermelden, wo zwar Abraham Darby bereits im frühen 18. Jahrhundert die Eisenherstellung mittels Steinkohleneinsatz im Hochofen gelungen war, diese Erfindung aber erst nach der Erfindung des Puddelverfahrens und des Eisenwalzens durch Henry Cort 1783/84 kommerziell interessant wurde, weil damit das wenig brauchbare Steinkohlenroheisen zu schmiedbarem Eisen weiterverarbeitet werden konnte.

Auch die Struktur und die Expansion des britischen Außenhandels spielte für den Erfolg der Industriellen Revolution in England eine wichtige Rolle. Noch zu Beginn des 18. Jahrhunderts expandierte der britische Außenhandel nur mit einer moderaten Rate. Die traditionellen Wolltuchexporte trafen auf die wachsende Konkurrenz anderer Faserstoffe (Baumwolle und Leinen), und der Reexport wurde durch Kriege und den Niedergang der Handelskompanien beeinträchtigt. Nach 1750 erfuhr dann der Umfang des Handelsvolumens einen dramatischen Anstieg. Dieses Wachstum war bedingt durch die Ausweitung der gewerblichen Inlandsproduktion, die vor allem nach Amerika exportiert und daher wegen der kriegerischen Auseinandersetzungen in den amerikanischen Kolonien beeinträchtigt wurde. Nach 1780 wurde dieser kurzzeitige Rückgang im Außenhandel aber bald mehr als wettgemacht.

Innerhalb des Außenhandels spielte die Baumwolle auf der Export- wie auf der Importseite eine überragende Rolle. Anfang des 19. Jahrhunderts machten Baumwollprodukte etwa die Hälfte aller britischen Exporte aus, und der Import von Rohbaumwolle umfaßte ein Fünftel aller britischen Importe. »King Cotton« hatte zu diesem Zeitpunkt seine Herrschaft in der britischen Wirtschaft fest etabliert.[8] Dies war auch das Ergebnis eines Wandels in der Struktur des britischen Außenhandels während des 18. Jahrhunderts. Bis 1760 war England ein Agrarexportland, das hauptsächlich Getreide nach dem europäischen Kontinent versandte. Doch seit den 1770er Jahren stiegen die Getreideimporte beachtlich an, und die britischen Inseln wechselten Exportprodukte und Handelspartner. Preußische Agrarimporte etwa wurden wichtiger, doch der wichtigste Handelspartner wurde jetzt Amerika, einschließlich Westindien. Nun gewann dieser Markt auch für den Absatz von Eisen- und Messingprodukten, von Wolltuch und später Baumwollwaren an Bedeutung. Die Exportstruktur Großbritanniens wurde von nun an stärker durch Fertigprodukte geprägt. Die Expansion der internationalen Märkte, insbesondere die enorme Nachfragesteigerung nach Baumwollprodukten im frühen 19. Jahrhundert, trug demnach ganz entscheidend zum Erfolg der britischen Industrialisierung bei.

Eine Vorstellung von »industrieller Revolution«, die sich eng am überproportionalen Wachstum des industriellen Sektors orientiert, Industrialisierung also als Strukturwandel begreift, vermeidet zugleich auch Fehlinterpretationen hinsichtlich der historischen Einmaligkeit dieses Prozesses. Niemals zuvor ist derartiges in einem solchen Umfang geschehen! *Carlo M. Cipolla* befindet sich daher völlig im Recht, wenn er den epochalen Charakter und die weitreichenden Konsequenzen dieser englischen Entwicklung mit der neolithischen Revolution, d. h. der Seßhaftwerdung des Menschen vergleicht.[9] Andere Autoren, wie etwa *Eleonora Mary Carus-Wilson*[10], die der flächendeckenden Ausbreitung von Wassermühlen in England am Ende des Hochmittelalters ebenfalls die Qualität einer industriellen Revolution zumessen möchte, beziehen sich auf revolutionäre, technische Innovationen und offenbaren dabei ein gänzlich anderes Verständnis der Industrialisierung als hier vorgetragen. Natürlich spielen auch technische Innovationen, wie am Beispiel Englands veranschaulicht, im Rahmen der Industrialisierung eine Rolle. Sie vermögen allein jedoch nicht zu einem derartigen, folgenreichen Strukturwandel zu führen, sondern nur im Zusammenhang mit anderen wichtigen Faktoren. Deshalb scheint es bei einer ausschließlich auf die Produktionstechnik abgehobenen Betrachtung von Industrialisierung, als habe eine »industrielle Revolution« tatsächlich bereits zu früheren Zeiten und möglicherweise mehrfach stattgefunden, wie es *J. U. Nef* für die frühe Neuzeit feststellt und *D. C. Coleman* für verschiedene Zeitpunkte konstatiert. Nur haben diese Ereignisse mit der Industriellen Revolution in England am Ende des 18. Jahrhunderts wenig gemein.

Das Verständnis von Industrialisierung als sektoralem Strukturwandel hat sich für die Untersuchung der europäischen Industrialisierung hingegen außerordentlich gut bewährt. Damit geht die Vorstellung einher, daß wirtschaftliche Entwicklung nicht als ein homogener Prozeß zu begreifen ist, sondern im Gegenteil, daß es die Ungleichgewichte und Disproportionalitäten im ökonomischen Kreislauf sind, die entscheidend zum Fortschritt der Wirtschaft beitragen. Wie das Grundprinzip ökonomischer Produktion in der Kombination produktiver Faktoren besteht, so liegt die Ursache allen Fortschritts in der Durchsetzung solcher neuartiger Kombinationen, ein Prozeß, den *Josef Schumpeter* bereits 1910 in seiner »Theorie der wirtschaftlichen Entwicklung« als Innovation bezeichnet hat. Hier spielen insbesondere sektor-spezifische Neuerungen eine große Rolle, die zu einem entsprechenden sektoralen Wachstum führen. Gerade für den industriellen Sektor und sein überproportionales Wachstum scheinen derartige Innovationen von besonderer Bedeutung gewesen zu sein, und sie haben sich hinsichtlich wirtschaftlicher Entwicklung bis heute als außerordentlich nützlich erwiesen.

In Großbritannien wurde mit der Industrialisierung ein Prozeß in Gang gesetzt, der sich in einer eindeutigen Verschiebung der Struktur der volkswirtschaftlichen Hauptsektoren niederschlug. Dieser Entwicklung sind zahlreiche weitere Industriestaaten gefolgt, weshalb sich eine Ansicht etablieren konnte, die im Rahmen der »Sektortheorie« Gründe für einen derartigen zwangsläufig ablaufenden Strukturwandel der Wirtschaft formulieren zu können glaubte. In Großbritannien verlor jedenfalls der Agrarsektor während des 19. Jahrhunderts dramatisch an Bedeutung, gleichgültig ob gemessen am Anteil der Wertschöpfung oder der Beschäftigten. 1841 wurden dort noch 22 % der gesamtwirtschaftlichen Wertschöpfung im primären Sektor erbracht, während dieser Anteil bis 1907 auf 6 % absank. Demgegenüber hatte 1841 der sekundäre Sektor die Landwirtschaft mit einem Anteil von 34 % bereits hinter sich gelassen und konnte diesen Anteil bis ins 20. Jahrhundert in etwa halten (1907 = 36 %). Der große Gewinner, gemessen an den Anteilen an der Wertschöpfung, war jedoch, entgegen der Vermutung eines Durchbruchs zur Industriewirtschaft im 19. Jahrhundert, der tertiäre oder Dienstleistungssektor mit einem Anteil von 44 % (1841) und 58 % (1907). Gemessen an den gesamtwirtschaftlichen Beschäftigtenanteilen vermag sich die Industrie jedoch ein wenig eindeutiger zu behaupten.

Diesem dramatischen Strukturwandel folgten im Laufe des Jahrhunderts zahlreiche vergleichbare europäische Länder. Zu Beginn des 19. Jahrhunderts dominierte noch in nahezu allen europäischen Volkswirtschaften die Landwirtschaft. Doch mit dem Anwachsen der gewerblichen Produktion im um sich greifenden Industrialisierungsprozeß verdrängte der sekundäre Sektor die Landwirtschaft, die zwar selbst auch weiter wuchs, nicht jedoch in dem gewaltigen Tempo der Industrie, aus ihrer dominierenden Position. Eng verknüpft mit der industriellen Expansion entfaltete sich auch der tertiäre Sektor mehr und mehr, um dann nach und nach den gewerblichen Sektor auf die zweite Stelle in der gesamtwirtschaftlichen Bedeutung zu verweisen.

Nimmt man den Rückgang der landwirtschaftlich Beschäftigten zum Maßstab dieses sektoralen Strukturwandels, so offeriert die Darstellung in Tabelle 2 eindrucksvolle Belege für diesen gesamteuropäischen Prozeß.

Tabelle 2: Anteil der landwirtschaftlich Beschäftigten an der Gesamtbeschäftigung in verschiedenen europäischen Ländern (in %) [11]

	Großbritannien	Belgien	Frankreich	Deutschland	Italien
Mitte des 19. Jh.	23	46	52	56	61
1880er Jahre	15	40	47	43	62
Anfang des 20. Jh.	9	22	41	35	56
1930	6	17	36	29	47
1950	5	13	27	23	42
1960	4	8	22	14	31
1980	3	3	8	4	11

Wenn auch zu verschiedenen Zeitpunkten, folgten alle europäischen Länder diesem durch Großbritannien gewiesenen Weg. Ursache für den grundlegenden sektoralen Strukturwandel sich industrialisierender Volkswirtschaften scheint die unterschiedliche Wirkung technischer Innovationen auf die Produktivität der Sektoren gewesen zu sein. Eine erhöhte Arbeitsproduktivität in der Landwirtschaft und in der Industrie setzt dort zunehmend Arbeitskräfte frei und mindert deren Beschäftigtenanteile. Hinzu tritt die jeweils unterschiedliche Wirkung der Einkommensentwicklung auf die Produkte der drei Hauptsektoren. Bei steigenden Einkommen sinkt als erstes die Nachfrage nach landwirtschaftlichen Produkten und verlagert sich auf Produkte des gewerblichen Sektors. Erst in einer Massenkonsumgesellschaft werden dann bei der Nachfrage nach gewerblichen Produkten ebenfalls Sättigungserscheinungen sichtbar, die eine Verlagerung zu den privaten und öffentlichen Dienstleistungen andeuten.

Bei genauerer Betrachtung werden im Industrialisierungsprozeß aber nicht nur Strukturverschiebungen zwischen den drei volkswirtschaftlichen Hauptsektoren sichtbar, sondern auch und gerade innerhalb des gewerblichen Sektors werden Strukturverwerfungen offenbar. Einerseits wird das traditionelle Handwerk durch die neue Industrie in seiner Existenz bedroht, andererseits zeigt sich auch innerhalb der Industrie selbst eine sehr unterschiedliche Entwicklung von Branchen und Wirtschaftszweigen. Diese Erkenntnis hat sich *Walt W. Rostow* in seinem Konzept der »Führungssektoren« der Industrialisierung mit Erfolg zu eigen gemacht. Wichtig erscheint ihm, daß verschiedene Industriebranchen mit sehr unterschiedlichem Tempo expandieren, eine Information, die bei einer aggregativen Betrachtung des Industriesektors verlorengeht. Deshalb plädiert er dafür, einzelne Industriesektoren separat zu untersuchen und ihre Einbindung in den allgemeinen Expansionsprozeß sowie ihre Bedeutung innerhalb desselben zu würdigen.

Rostow unterscheidet »Führungssektoren«, die im eigentlichen Sinne die Entwicklung vorantreiben, von solchen, die ihr nur begleitend folgen. Der Impuls, den diese besonders dynamischen Führungssektoren auf die Gesamtwirtschaft übertragen, wird durch Kopplungseffekte vermittelt, die vorgelagerte Sektoren durch erhöhte Nachfrage, nachgelagerte Sektoren durch ein billigeres und besseres Angebot und angrenzende Sektoren durch Agglomerationseffekte vorwärtstreiben. Dies war bei der britischen Baumwollindustrie im späten 18. Jahrhundert zweifellos der Fall. Sie stellte einen wichtigen Nachfragesektor für vorgelagerte Sektoren (Landwirtschaft, Eisenindustrie, Bergbau) dar und gab ihre Produktivitätsgewinne in dramatisch sinkenden Preisen an die nachfragenden Sektoren weiter. Zugleich wurde die Wirtschaft in allgemeiner Weise durch Verbesserungen z. B. im Bankwesen und im Transportsystem gefördert und so weitere Bereiche der Industriewirtschaft in diese Expansion einbezogen. Die Baumwollindustrie benötigte zunehmend Maschinen, und so konnten Eisenindustrie und Maschinenbau ihren Absatz ausweiten. Auch der Steinkohlenbergbau fungierte als Nachfrager und bot zugleich billigere Rohstoffe für die Eisenproduktion. Gleiches galt für die Dampfmaschinenproduktion, und schließlich verbilligte der Eisenbahnbau den Transport der Produkte sämtlicher Sektoren und erhöhte zugleich die Nachfrage nach Maschinen, Eisen und Steinkohle. Es handelt sich also um ein System eng miteinander verwobener industrieller Sektoren, in dem im englischen Fall zweifellos der Baumwollindustrie die Führungsrolle zukam.

»Wer Industrielle Revolution sagt, meint Baumwolle«, so beginnt *Eric Hobsbawm* seine Ausführungen zur Industriellen Revolution in Großbritannien.[12] Und in ähnlicher Weise bezeichnet *Walt Rostow* die Baumwollindustrie als den Führungssektor der britischen Industrialisierung schlechthin. Beide Autoren weisen damit auf die zentrale Bedeutung hin, die die Baumwollindustrie am Ende des 18. Jahrhunderts für die britische Industrialisierung erlangt hatte. Dabei waren Baumwollprodukte seit Jahrhunderten in Europa bekannt und verbreitet, ihre Herstellung und Verarbeitung wurde an zahlreichen Orten betrieben. Wie kam es, daß dieser Produktionszweig so plötzlich zum Kernbereich einer grundlegenden Umwälzung des Produktionssystems in England werden konnte?

Indische Baumwollexporte bildeten den Hauptbestandteil der Handelstätigkeit der verschiedenen Handelskompanien mit Asien.

Baumwollstoffe erfreuten sich in Europa größter Beliebtheit und konkurrierten hier direkt mit Schurwoll- und Seidenprodukten aus der heimischen Produktion. Reines Baumwollgewebe auf der Basis importierter Baumwollgarne war in Europa nur schwer herzustellen, weil die Fertigkeiten der Weber nicht ausreichten, derartig feine Gewebe zu erzeugen. Man behalf sich daher mit Mischgeweben, bei denen der Kettfaden zumeist aus stabilem Leinengarn bestand und nur als Schußfaden Baumwollgarn verwandt wurde. Diese Gewebe waren seit dem Mittelalter in Deutschland als »Barchent« und in England als »fustian« bekannt. Der Versuch, den Import reiner Baumwollgewebe durch gesetzliche Maßnahmen zu beschränken, erwies sich als nicht sehr erfolgreich. Dem Einfuhrverbot nach England von 1700 war offenbar nur ein kurzer und unvollkommener Erfolg beschieden, wie die Erneuerung dieser Verbote nach zwanzig Jahren zeigt. Auch die etwa achtzig verschiedenen gesetzlichen Maßnahmen, die in Frankreich mit dem Ziel eines Importschutzes unternommen wurden, blieben weitgehend wirkungslos. Gleiches galt für das 1721 in Preußen erlassene Verbot des Kattundruckes, d. h. der Weiterverarbeitung von Baumwollstoffen[13]. Neben dem Konkurrenzdruck für die heimischen Textilgewerbe ergab sich aus der negativen Handelsbilanz Europas mit Asien, die nur durch umfangreiche Edelmetallexporte ausgeglichen werden konnte, der zusätzliche Druck, einen Ersatz für indische Baumwollwarenexporte zu finden. Erfolgreich gegenüber der übermächtigen indischen Konkurrenz erschienen daher Versuche, selbst in die Produktion und Weiterverarbeitung reiner Baumwollstoffe einzusteigen. Hierbei spielte als erster Schritt die Kattundruckerei eine große Rolle, und Erfolge wurden damit in zahlreichen europäischen Regionen in dieser Hinsicht erzielt, so im Elsaß, in der Schweiz, der Normandie, Katalonien, der Lombardei und eben auch in Lancashire, der Wiege der Industriellen Revolution in England. Hier war seit langem ein prosperierendes Textilgewerbe ansässig, das sich im westlichen Teil der Grafschaft auf Leinenproduktion, im nordöstlichen Teil auf das Wollgewerbe konzentriert hatte und im Südosten neue erste Ansätze zu einer Baumwollmanufaktur erkennen ließ.

Bis weit in das 18. Jahrhundert hinein war das britische Textilgewerbe zu großen Teilen durch die Wollindustrie dominiert. Ein erster Aufschwung der britischen Textilindustrie war deshalb noch eng mit der Wollverarbeitung verknüpft: Kays fliegendes Webschiffchen, Pauls Kämmaschine und sogar noch Hargreaves erste Spinnmaschine waren wichtige Neuerungen, die auch im Wollgewerbe im Rahmen der dort üblichen heimgewerblichen Produktion genutzt werden konnten. Gleichzeitig dienten sie auch einer Steigerung der Produktivität und der Qualität im Bereich der Baumwollproduktion und legten so die Grundlagen zum Aufstieg der Branche seit der Mitte des 18. Jahrhunderts.

Verschiedene vorteilhafte Bedingungen trugen dazu bei, daß die englischen Baumwollproduzenten auf diese Expansionschancen erfolgreich reagieren konnten. Das Angebot an Rohbaumwolle erwies sich als so dehnbar, daß eine dramatische Erhöhung der Produktion möglich wurde. Die Ausdehnung der Rohbaumwollproduktion gelang vor allem deshalb, weil neben den traditionellen Lieferregionen im östlichen Mittelmeer und in Westindien nach Erfindung der Baumwollentkörnmaschine in den Südstaaten der USA eine effektive Ausdehnung der Anbaufläche möglich wurde und so dem besorgniserregenden Anstieg der Rohbaumwollpreise, die sich z. B. in den 1790er Jahren in New York mehr als verdreifachten, entgegengewirkt werden konnte.

Technische Neuerungen in der Baumwollindustrie, vor allem bei der Garnherstellung, erhöhten die Produktivität der Branche in einer bis dahin unbekannten Weise. Je weiter die Spinntechnik fortschritt, um so effektiver wurde die Produktion und machte tiefgreifende Veränderungen in der Produktionsweise nötig. Erste mechanisierte Textilfabriken mit Maschinenantrieb durch Wasserräder und später durch Dampfmaschinen entstanden und leiteten den Übergang zum Fabriksystem ein. Daneben konnten sich jedoch noch lange auch Formen traditioneller heimgewerblicher Baumwollproduktion behaupten. Im Endeffekt führten die Produktivitätsgewinne in der Baumwollindustrie jedoch zu einem dramatischen Preisverfall: Ein Pfund Baumwollgarn mittlerer Güte kostete 1786: 38s, 1800: 10s und 1807 nur noch 6s 9d. Es kam also in nur zwanzig Jahren zu einer Reduktion auf unter 20 % des ursprünglichen Preises.[14] Diese Kostensenkung für Baumwollweberei, die ja Garne als Input benutzte, schlug auch auf die Preise der Endprodukte durch: Ein Preisindex für Baumwollstoffe, der für 1780 mit 100 angesetzt werden kann, verminderte sich bis 1812/15 auf etwa ein Drittel.[15] Durch eine entsprechende überproportionale Ausdehnung von Produktion und Absatz führte diese Preissenkung jedoch nicht zu einer Reduzierung der Gewinne: Sie erwiesen sich als stabil.

Wichtig für den außerordentlichen Erfolg der britischen Baumwollindustrie war, daß sie in nahezu optimaler Weise die verfügbaren ökonomischen Ressourcen des Landes nutzen konnte. Hier sind vor allen Dingen die ländlichen Arbeitskräfte zu nennen, die wegen des vorausgehenden Bevölkerungswachstums und Veränderungen in der Agrarverfassung reichlich zur Verfügung standen. Die besonderen Produktionsbedingungen der Baumwollindustrie erlaubten darüber hinaus die Nutzung der Arbeitskraft von Frauen und Kindern, während die Kapitalerfordernisse gerade in der ersten Phase der Expansion relativ begrenzt blieben.

Dafür, daß die Expansion der Baumwollindustrie – in der frühen Phase ausschließlich der Baumwollspinnerei – nicht auf die Branche beschränkt blieb, sorgte neben inner- und intersektoralen Kopplungseffekten vor allem die gesamtwirtschaftliche Bedeutung dieser Branche. Um 1800 läßt sich der Anteil der Wertschöpfung der Baumwollindustrie in Großbritannien an der gesamtwirtschaftlichen Wertschöpfung auf etwa 4–5 % schätzen, und dieser Anteil stieg bis 1812 sogar auf 7–8 %. Nimmt man nicht die Gesamtwirtschaft zum Maßstab, sondern den wesentlich dynamischeren Bereich der Außenwirtschaft, so wird die Dominanz der Baumwollindustrie noch deutlicher: Anfang des 19. Jahrhunderts bestanden 40–50 % aller britischen Exporte aus Baumwollprodukten und knapp 20 % aller Importe aus Rohbaumwolle.

Disproportionalitäten zwischen der Spinnerei und der Weberei innerhalb der Baumwollindustrie trugen erheblich zum Fortschritt bei. Ursprünglich, in der heimgewerblichen Produktion, beschäftigte ein Weber etwa drei Spinner. Doch nach den enormen Fortschritten bei der Mechanisierung der Spinnerei kamen nun die Weber nicht mehr nach, das verfügbare Garn zu verarbeiten. Ein Zwang zur Mechanisierung der Weberei wurde offenbar und mit der Entwicklung eines funktionsfähigen mechanischen Webstuhls in den ersten Dekaden des 19. Jahrhunderts auch realisiert. Diese dynamisierenden Ausstrahlungseffekte blieben natürlich nicht auf den Textilsektor begrenzt. Die Maschinenbauindustrie konnte von der steigenden Nachfrage nach Textilmaschinen profitieren, und über eine Steigerung der Einkommen und der gesamtwirtschaftlichen Nachfrage hatten auch alle anderen Sektoren Anteil an der Expansion der Branche. Es wundert daher nicht, daß das jährliche Wachstum der industriellen Produktion in Großbritannien nach 1815 von etwa 6–7 % ganz wesentlich der Expansion der Baumwollindustrie zu verdanken ist.

Industrialisierung und Wirtschaftswachstum

Industrialisierung und Wirtschaftswachstum sind zwar keine identischen Größen, doch eng miteinander verwoben. Industrialisierung, d. h. Etablierung, Expansion, Dynamisierung und Intensivierung des industriellen Sektors einer Wirtschaft führt gemeinhin zu einer Zunahme der gesamtwirtschaftlichen Wohlfahrt, gemessen als Wachstum des Sozialprodukts. Wirtschaftswachstum mißt somit in gewisser Weise den Erfolg der Industrialisierung. Über die Dauer des gesamten 19. Jahrhunderts gemessen, ist dieser Erfolg unbezweifelbar. Mit einer jährlichen Wachstumsrate von über 1 % pro Kopf der Bevölkerung wuchs die gesamtwirtschaftliche Wohlfahrt zahlreicher europäischer Staaten gewaltig an: Sie wurden reich.

Dies erscheint als das historisch Einmalige des europäischen Industrialisierungsprozesses. Die betroffenen Nationen erzielten ein langfristiges und *stetiges* Wirtschaftswachstum. Immerhin erlebte Großbritannien seit den 1760er Jahren, d. h. seit mehr als zweihundert Jahren, eine durchschnittliche jährliche Steigerung des Pro-Kopf-Sozialprodukts von 1,2 %, und Deutschland und Frankreich folgten mit ähnlichen Raten, nämlich mit 1,7 % seit den 1830er (Frankreich) bzw. seit den 1850er Jahren (Deutschland).

Wenn man auch mit dem Sozialproduktkonzept als einem relativ modernen und nicht ganz unproblematischen Instrument, bei der Anwendung auf weiter zurückliegende Zeiträume vorsichtig sein muß, so erscheint dieses Ergebnis dennoch eindeutig.

Nun hat es allerdings auch zu vorindustriellen Zeiten bemerkenswerte ökonomische Aufschwungphasen gegeben. Diese vollzogen sich jedoch immer in kleinräumig organisierten traditionellen Gesellschaften, in denen Ernteschwankungen, Krankheiten und Seuchen sowie Kriege und Eroberungen diesen gelegentlichen Aufschwüngen bald ein Ende setzten. Die traditionellen Gesellschaften stießen bei ihren Versuchen, zu einer langfristigen ökonomischen Expansion zu kommen, immer wieder an quasi natürliche Grenzen. Vielversprechenden Aufschwüngen folgten bald enttäuschende Abschwünge. Entscheidend für die Befangenheit in dem durch die Natur gesetzten Rahmen waren vor allem technische Gründe. Innovationen erfolgten nur vereinzelt und bauten nicht aufeinander auf. Der Mensch hatte die »Methode der Erfindung« [16] noch nicht erfunden. Dies gelang erst in der Industriellen Revolution. Hier erfolgte erstmals, und von nun an andauernd, die systematische Anwendung von Wissenschaft und Technologie auf die Produktion von Gütern und Dienstleistungen. Hinzu traten in den traditionellen Gesellschaften kulturelle Faktoren und soziale Werte, die einer beschleunigten ökonomischen Expansion entgegenstanden. Sie blieben in einem Teufelskreis der Armut befangen, die eine Expansion der Produktion nur bei steigenden Inputs und sinkenden Erträgen ermöglichte. Realisierte Zuwächse wurden bald wieder durch eine wachsende Bevölkerung aufgezehrt. Diese latente Armut der vorindustriellen Welt konnte erst durch die Industrialisierung überwunden werden.

Die Pionierarbeit zur Bestimmung des Wachstums der britischen Volkswirtschaft seit dem 18. Jahrhundert wurde von *Phyllis Deane* und *W. A. Cole* geleistet. [17] Dieses umfassende Werk bildet bis heute die Basis aller, auch der konkurrierenden Sozialproduktsberechnungen für Großbritannien. Nach diesen Schätzungen setzte um etwa 1780 eine deutliche Beschleunigung der gesamtwirtschaftlichen Wachstumsrate in Großbritannien ein: sie stieg von unter 1 % auf über 2 % an. Damit war die Wasserscheide zwischen vorindustrieller und industrieller Welt überschritten, und ein anhaltendes und stetiges Wachstum konnte erreicht werden.

Diese deutliche Wasserscheide um 1780 und damit auch der eruptive Charakter der Industriellen Revolution in England wird in der neueren Literatur allerdings zunehmend in Frage gestellt. Insbesondere *Nik Crafts* wandte sich gegen eine Reihe von Annahmen in den Schätzungen von *Deane & Cole* und hat eine entsprechend korrigierte Reihe für das Wachstum des britischen Sozialprodukts seit 1700 vorgelegt (Tab. 3). Hinsichtlich der durchschnittlichen jährlichen Wachstumsraten in den entscheidenden Jahrzehnten vor und nach 1780 zeigen sich dabei gegenüber den ursprünglichen Schätzungen gravierende Unterschiede, die eine dramatische Beschleunigung des gesamtwirtschaftlichen Wachstums nach 1780 zweifelhaft erscheinen lassen.

Tabelle 3: Geschätztes Wachstum des britischen Sozialprodukts 1700–1831 [18]

Ø WTR (%)	Crafts		Deane & Cole	
Zeitraum	Sozialprodukt	pro Kopf	Sozialprodukt	pro Kopf
1700–1760	0,69	0,31	0,66	0,45
1760–1780	0,70	0,01	0,65	−0,04
1780–1801	1,32	0,35	2,06	1,08
1801–1831	1,97	0,52	3,06	1,61

Die Wachstumsrate zwischen 1780 und 1800, die von Crafts geschätzt wurde, betrug demnach nur 1,32 % bzw. pro Kopf der wachsenden Bevölkerung nur 0,35 % und unterscheidet sich damit gar nicht so dramatisch von den vorausgehenden Jahrzehnten. Hier fällt eher eine Verlangsamung des Pro-Kopf-Wachstums in den beiden unmittelbar vorausgehenden Dekaden auf, weil in diesen Jahren ein starkes Bevölkerungswachstum die Fortschritte in der Produktion nahezu gänzlich aufzehrte – ganz in Übereinstimmung mit den bis dahin gemachten Erfahrungen. Erst nach 1800 erhöht sich in diesen revidierten Schätzungen das Pro-Kopf-

Wachstum bemerkenswert, aber auch nicht so dramatisch, wie bis dahin angenommen.

Diese neuen Daten sind möglicherweise geeignet, die historiographisch so vielfältig gestützte These vom revolutionären Charakter der Industrialisierung in England am Ende des 18. Jahrhunderts zu erschüttern bzw. zu modifizieren. Vielleicht war der Veränderungsprozeß innerhalb der englischen Wirtschaft zu jener Zeit gar nicht so abrupt, daß er den Terminus »Industrielle Revolution« rechtfertigen könnte? Unbetroffen davon bleibt jedoch die Feststellung, daß – betrachtet man die historische Tragweite – diesem Wandel langfristig und »ex post« zweifellos eine ungeheuer revolutionäre Wirkung zugesprochen werden muß. Er bahnte schließlich den Weg zu bisher ungeahnten technischen und ökonomischen Errungenschaften und löste mit dem Marxismus eine folgenreiche sozialkritische Revolution aus. Aus der Langzeitperspektive der europäischen Geschichte der letzten fünfhundert Jahre stellte die Industrielle Revolution in England am Ende des 18. Jahrhunderts einen bemerkenswerten Bruch in der Entwicklung dar, obwohl dies vor Ort in Lancashire um 1780 weniger dramatisch ausgesehen haben mag.

Die Kritik von Crafts und anderen Autoren am Konzept der Industriellen Revolution bezieht sich also nicht auf deren langfristig revolutionierende Wirkungen innerhalb der europäischen Gesellschaften, sondern auf den Charakter des Durchbruchs zur Industriewirtschaft in England. Hier scheint es in der Tat so gewesen zu sein, daß damit keineswegs ein plötzlicher und rapider Anstieg der gesamtwirtschaftlichen Wachstumsrate auf ein neues, nie gekanntes Niveau verbunden war. Die Industrielle Revolution ist demnach nicht ausschließlich als der Ausgangspunkt zu einem gänzlich neuen Zustand der Wirtschaft, zum modernen Wirtschaftswachstum zu sehen, sondern zugleich als Kulminationspunkt einer bereits Jahrhunderte andauernden Entwicklung mäßigen Wirtschaftswachstums. In Großbritannien erfolgte dann, im Lichte dieser Sicht, erstmals der Übergang von vorindustriellen extensiven Wachstumsformen, in denen eine Expansion der gesellschaftlichen Wohlfahrt nur durch eine Erweiterung der Ressourcenbasis einer Gesellschaft möglich war, zu intensiven, industriellen Wachstumsformen, in denen der technische Fortschritt bei unveränderter Ressourcenausstattung Wachstum möglich macht.

Im britischen Fall läßt sich mit einigen mutigen Annahmen der Versuch wagen, grobe Wachstumsraten seit dem Mittelalter zu schätzen. Das bereits 1086 verfaßte »Doomsday Book«, das Wilhelm dem Eroberer unter anderem einen Einblick in die Ertragskraft der englischen Herrenhöfe eröffnen sollte, ermöglicht es, für diesen frühen Zeitpunkt eine Schätzung des »Sozialprodukts« vorzunehmen. Diese läßt sich dann mit einer ebensolchen für 1688 in Beziehung setzen, die sich auf die von *Gregory King* angefertigte Tabelle mit Schätzungen über die Haushaltseinkommen der englischen Bevölkerung stützt. Aus dem Vergleich dieser beiden mutigen Schätzungen läßt sich eine durchschnittliche Wachstumsrate in England zwischen 1068 und 1688 von 0,29 % errechnen. Kombiniert man diese Zahl mit den bereits von Crafts verglichenen Daten seit 1700 (Tabelle 3), so läßt sich eine Entwicklung der britischen Wirtschaft über ein ganzes Jahrtausend veranschaulichen.

Das Schaubild (Abb. 1)[19] zeigt insgesamt ein langanhaltenes, jedoch zunächst äußerst geringes Wirtschaftswachstum für fast eintausend Jahre, das bis weit ins 18. Jahrhundert hinein mit einer nahezu konstanten Rate anhält. Erst am Ende des 18. Jahrhunderts wird eine Beschleunigung des Wirtschaftswachstums unübersehbar. Werden die früheren Schätzungen von Deane & Cole für zutreffend gehalten, so läßt sich die Entwicklung seit 1780 als revolutionäre Wachstumsbeschleunigung ansehen. Schließt man sich jedoch den revidierten Schätzungen von Crafts an, so erscheint die Industrielle Revolution in England eher als die Fortsetzung und als ein Kulminationspunkt einer bereits seit Jahrhunderten dauernden Entwicklung. Inwieweit diese vorindustrielle Entwicklungsphase notwendig, quasi als Vorbedingung, mit der industriellen Expansion verbunden ist, wird an anderer Stelle zu diskutieren sein. Hier gilt es zunächst nur festzuhalten, daß die wirtschaftliche Entwicklung Europas offenbar weitaus kontinuierlicher verlaufen ist, als es der Terminus »industrielle Revolution« nahelegt.

Abb. 1: Das britische Wirtschaftswachstum 1086–1831

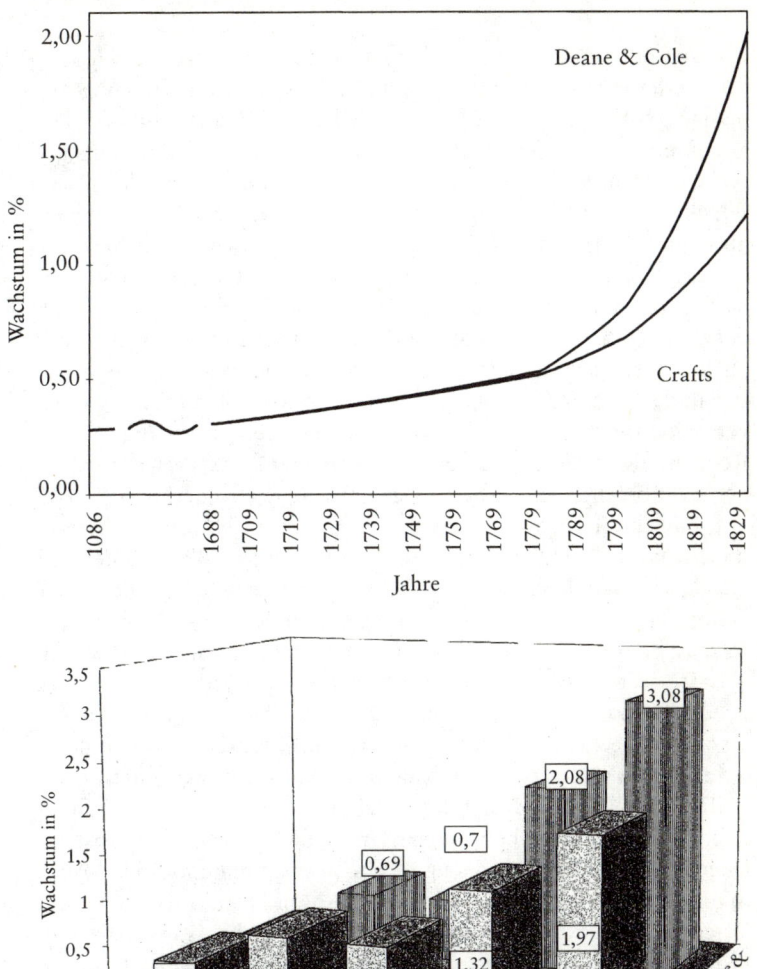

Soziale Konsequenzen der Industriellen Revolution

Die Vorstellung der Industriellen Revolution als sektoralem Strukturwandel kann, auch unter Berücksichtigung ihrer Wirkung auf
die langfristige Entwicklung der gesellschaftlichen Wohlfahrt, der
Komplexität dieses säkularen Wandels jedoch noch keinesfalls ge-
recht werden. Vielmehr finden sich gerade in der allgemeinen Ge-
schichtsschreibung häufig Interpretationen dieses Entwicklungs-
abschnittes, die ihn als universalhistorischen Prozeß einer
grundsätzlichen Umwälzung der menschlichen Existenz verstehen.
Und auch zahlreiche Wirtschaftshistoriker beschränken sich bei
der Bestimmung des Charakters der Industriellen Revolution nicht
auf die hier bislang vorgetragene Begrenzung auf seine quantitative und strukturelle ökonomische Dimension. *David Landes* etwa
versucht, die Industrielle Revolution in ihrem Kern durch eine
Reihe qualitativer Eigenarten zu kennzeichnen. Er verweist in seiner bahnbrechenden Arbeit »Der entfesselte Prometheus«[20] darauf, daß die Industrielle Revolution in ihrem Verlauf zunehmend
mechanische Anlagen an die Stelle menschlicher Fähigkeiten gesetzt und daß dabei die unbeseelte Kraft, insbesondere in Form der
Dampfmaschine, menschliche und tierische Kräfte weitgehend ersetzt habe. Darüber hinaus seien die Verfahren zur Verarbeitung
neuartiger Rohstoffe stark erweitert und verfeinert worden und
neue produktivere Formen der Organisation menschlicher Arbeit,
insbesondere Fabriken, hätten weitgehend Verbreitung gefunden.
In Landes' Sicht ist es vor allem die Substitution menschlicher
Fähigkeiten durch Maschinen, verbunden mit der Erschließung
neuer Ressourcen und Organisationsformen, welche die Industrialisierung charakterisiert. Es handelt sich also um qualitative Merkmale, die – anders als zum Beispiel sektoraler Strukturwandel und
Wachstum des Sozialprodukts – nicht ohne weiteres meßbar sind.
Ob mit diesen genannten qualitativen Merkmalen allerdings die
industrielle Revolution besser und umfassend bestimmt werden
kann, erscheint zweifelhaft. Der Katalog vorgeblich konstituieren-
der Merkmale der Industrialisierung läßt sich nämlich sehr leicht
und nahezu beliebig erweitern, wofür *Phyllis Deane* mit sieben

solcher Charakteristika ein Beispiel gibt. Darunter finden sich dann so allgemeine Dinge wie Marktentfaltung, Bevölkerungsentwicklung und Klassengesellschaft. Wenn diese Vorgehensweise auch nicht geeignet erscheint, den ökonomischen Kerngehalt der Industrialisierung präziser zu fassen, so hat sie doch zweifellos den Vorteil, die Komplexität des zugrundeliegenden Wandlungsprozesses anzureißen. Dies scheint vonnöten, da die ökonomische Struktur und Entwicklung der Industriellen Revolution in England noch nichts über die sozialen Konsequenzen dieses Prozesses für die dort im 19. Jahrhundert lebenden Menschen mitteilt.

Eine wesentliche Ursache, Begleiterscheinung und Folgewirkung der Industriellen Revolution in England war die umfassende Mobilisierung der Arbeitskräfte. Die Anzahl der Beschäftigten vervielfachte sich in nur einhundert Jahren von 4,8 Millionen (1801) auf 16,7 Millionen (1901). Möglich war eine derartige Expansion nur, weil es durch das enorme Bevölkerungswachstum zu einer quantitativen Ausweitung des Arbeitspotentials kam. Die verstärkte Nutzung der arbeitsfähigen Bevölkerung spiegelte zugleich den sektoralen Strukturwandel der Wirtschaft. Die industrielle Beschäftigung und moderne Dienstleistungsformen ersetzten zunehmend die Arbeit in der Landwirtschaft und im privaten Haushalt. Die neuen Arbeitsverrichtungen wurden weitgehend als Lohnarbeit vergeben, so daß der Arbeitsmarkt zur zentralen Allokationsinstanz für Arbeitskräfte wurde, während traditionelle Allokationsformen in der bäuerlichen Gemeinschaft des »open field« oder durch zünftische Regelungen im Handwerk an Bedeutung verloren. Diese Entwicklung zu einer Marktgesellschaft vollzog sich jedoch nicht konfliktfrei. Große Teile der Bevölkerung mußten durch administrative Maßnahmen, etwa im Rahmen der Einhegungen der »open fields«, oder durch ökonomische Zwänge, wie den Verlust der traditionellen Arbeitsmöglichkeiten, mehr oder weniger zu Lohnarbeit gezwungen werden.

Von solchen Anpassungszwängen war insbesondere die sich neu formierende Fabrikarbeiterschaft betroffen, die zunächst nur einen kleinen, doch zentralen Teil der Lohnarbeiterschaft ausmachte. Gelernte Kräfte waren wegen mangelnder Qualifikationsmöglichkeiten ohnehin knapp, aber auch unqualifizierte Kräfte fanden wegen der ungewohnten Arbeitsbedingungen nur schwer den Weg in die Industrie. Dies alles behinderte die Herausbildung effizienter Arbeitsmärkte. Unzureichende Informationsmöglichkeiten und schlechte Verkehrsverhältnisse sowie eine Armengesetzgebung, die Unterstützungsleistungen an die Heimatpfarrei band, trugen ebenfalls dazu bei. Überdies mögen die Aspirationen einer ländlichen Gesellschaft, deren Psychologie auf die Gestaltung eines auskömmlichen Lebens in vertrauten Umständen und nicht auf Erwerbsstreben orientiert war, gegenüber rationalem Arbeitsmarktverhalten im Sinne der neuen Logik der Erwerbsgesellschaft Barrieren gebildet haben. In dieser Situation suchte ein Teil der Fabrikanten Zuflucht in äußerst autoritären Maßnahmen, um der Probleme der Rekrutierung und Disziplinierung von Industriearbeitern Herr zu werden, wie *Sidney Pollard* eindrucksvoll dargelegt hat. Sie achteten auf strenge Arbeitsdisziplin und scheuten sich auch nicht, direkten Zwang auszuüben und bei Verstößen gegen die Fabrikordnung harte Strafen zu verhängen. Anreize wie höhere Löhne oder verbesserte Arbeitsbedingungen erwiesen sich in dieser frühen Phase als ungeeignet zur Sicherstellung eines industriellen Arbeitsangebots. Zunächst gab es für Arbeiter ja noch alternative Beschäftigungsmöglichkeiten in der prosperierenden Landwirtschaft und im aufstrebenden Heimgewerbe. Erst als der Angebotsdruck auf dem Arbeitsmarkt wegen des steigenden Bevölkerungswachstums und des Niedergangs des Heimgewerbes weiter zunahm, verminderte sich das Problem der Rekrutierung von Fabrikarbeitern entscheidend.

Die soziale Lage dieser Fabrikarbeiterschaft hat von Beginn an große Aufmerksamkeit erfahren. Schon 1845 veröffentlichte *Friedrich Engels* sein berühmtes Werk über »Die Lage der arbeitenden Klasse in England«, in der ein wenngleich verzerrtes, so doch eindrucksvolles Bild von den Arbeits- und Lebensverhältnissen der Unterschichten in den englischen Industrieregionen gezeichnet wird. Über die Entwicklung des britischen Lebensstandards hat es unter den britischen Wirtschaftshistorikern zur Mitte unseres Jahrhunderts eine ausgedehnte Diskussion gegeben, deren Ergebnis, ohne Berücksichtigung der Meß- und Quellenprobleme, kurz wie folgt zusammengefaßt werden kann: Mitte des 18. Jahrhunderts hatten die Unterschichten schon einen bemerkenswerten Lebensstandard erreicht, der in den folgenden Jahrzehnten noch weiter anstieg. Am Ende des Jahrhunderts und zu Beginn des 19. Jahrhunderts mußten sie dann offenbar Einbußen hinnehmen, verursacht durch wachsende Bevölkerung, Umschichtungen im Produktionssystem und als Folge der kriegerischen Verwicklungen Britanniens zu dieser Zeit. In den dreißiger Jahren setzte dann ein langanhaltender Aufschwung ein, der zu einem raschen Anstieg der Realeinkommen der Unterschichten führte und diesen einen deutlichen Wohlfahrtsgewinn bescherte.

Auf die Verschlechterung der Lebensverhältnisse der britischen Unterschichten an der Wende zum 19. Jahrhundert hatte der Staat bereits reagiert. Mit dem neuen Armengesetz von 1834, das im wesentlichen den Reformvorschlägen hinsichtlich des bereits seit 1597 entwickelten alten Armenrechts durch die »Royal Commission on the Poor Law« folgte, wurden die Bedingungen zum Bezug einer lokalen Armenunterstützung sehr verschärft. Damit trug das Gesetz wesentlich zur Durchsetzung von Marktbeziehungen bei der Allokation der Arbeitskraft bei, indem es Lohnsubsidien für arbeitsfähige Arme beseitigte und damit der »freien« Lohnbildung den Weg bereitete.

Im Zuge der Industrialisierung waren Arbeit und Armut in Großbritannien von einem vorwiegend ländlichen zu einem überwiegend städtischen Problem geworden, denn die expandierende Industrie fand im 19. Jahrhundert ihren Standort zumeist in den Städten. Dies führte zu einer bemerkenswerten Urbanisierung des Landes und zu einem entsprechenden Wachstum der Städte. Mehr und mehr Menschen lebten in Städten: Waren es 1760 nur 15 % der Bevölkerung gewesen, so stieg dieser Anteil bis 1841 auf 35 % an. Industriestädte gewannen im System der britischen Städte immer mehr an Bedeutung, und um 1860 war die Verstädterung der vormals überwiegend ländlichen britischen Industrie weitgehend abgeschlossen.

Das Zusammenrücken einer wachsenden Zahl von Industriearbeitern in den industriellen Zentren trug naturgemäß zu deren Klassenbildung bei. Dabei konnten sie, wie *Edward T. Thompson* aufgezeigt hat, an wichtige vorindustrielle Organisationsstrukturen anknüpfen. Es waren jedoch vor allem neue Entwicklungen, enormes Bevölkerungswachstum, Urbanisierung, steigende Brotpreise, die in verschiedenen politischen Aktionen den Prozeß der Klassenbildung manifest werden ließen.

Eine frühe derartige Massenbewegung, deren Wurzeln weit in vorindustrielle Traditionen zurückreichten, war zweifellos der Luddismus, dessen Bezeichnung auf Ned Ludlam zurückgeht, der zur Jahrhundertwende verschiedene öffentliche Protestaufrufe verfaßt haben soll. Diese Bewegung erlebte in den Jahren 1811 und 1812 ihren Höhepunkt und äußerte sich vor allem in verschiedenen Maschinenstürmen. Derartige Protestaktionen waren nicht neu, doch begannen die Ludditen erstmals eine systematische und überörtlich koordinierte Kampagne der Maschinenzerstörung. Sie wandten sich dabei in archaischer Weise gegen die Bedrohung traditioneller Arbeitsmöglichkeiten der Menschen durch die neuen Maschinen und das Fabriksystem. Sie forderten damit den Staat zu gewaltigen Gegenmaßnahmen heraus, einschließlich des Einsatzes von regulärem Militär, dem es schließlich gelang, die rückwärtsgerichtete Protestbewegung des Luddismus zu ersticken.

Das wichtigste Ereignis der industriellen Protestbewegungen des frühen 19. Jahrhunderts in England stellt das sogenannte »Peterloo Massaker« dar, das sich 1819 in Manchester ereignete. Dort hatte sich auf dem St. Peters Field eine große Zahl von Demonstranten, mehr als 100 000 Teilnehmer, in geordneter Form zusammengefunden. Die friedliche Demonstration wurde plötzlich von einer Bürgergarde mit Schußwaffen attackiert, mit dem Ergebnis, daß 11 Tote und 150 bis 200 Schwerverletzte zu beklagen waren. Die folgenden nationenweiten Sympathie- und Solidaritätsbekundungen mit den »Helden von Peterloo« – wie diese in Anlehnung an die kurz zuvor erfolgte Schlacht bei Waterloo genannt wurden – trugen ganz wesentlich dazu bei, die Probleme der industriellen Arbeiterschaft in das öffentliche Bewußtsein zu rücken und sich mit ihren Forderungen auseinanderzusetzen.

Hier treffen sich solche Ereignisse und Massendemonstrationen mit dem *Chartismus,* der als Protestbewegung zwar mehr auf eine Reform des Wahlrechts gerichtet war, aber auch Arbeiter betraf.

1838 hatte die »Working Men's Association« in London sechs Punkte als Forderungen formuliert, die im folgenden als »Charta« bezeichnet wurden und damit der Bewegung ihren Namen gaben. Neben Arbeitern waren an dieser Bewegung zahlreiche Kleinbürger beteiligt, die ebenfalls vom Wahlrecht ausgeschlossen waren. Außer der Forderung nach einer Reform des Wahlrechts wurden weitere Forderungen erhoben, so die Einführung des Achtstundentages, die Abschaffung der Korngesetze oder die Revision des neuen Armenrechtes. Einen ersten Höhepunkt erlebte die Bewegung mit einer Petition 1838/39, die allerdings vom Parlament verworfen wurde. Die vierziger Jahre des 19. Jahrhunderts waren geprägt von Streiks, Protesten und gelegentlichen gewalttätigen Aktionen, die dem Chartismus zuzurechnen waren und mit der Petition von 1842 einen weiteren Höhepunkt erlebten. 1848 folgte eine letzte gewaltige Massendemonstration in London, ehe der Chartismus ohne großes Aufsehen als Protestbewegung plötzlich erlosch.

Arbeitskämpfe und Streiks im eigentlichen Sinne hat es in der frühen britischen Arbeitergeschichte relativ selten gegeben. Größere Aufmerksamkeit haben die sogenannten *plug-pot-riots* von 1842 in Ashton-under-Lyne in der Nähe von Manchester gefunden. Dort zogen die Arbeiter die Stöpsel der Dampfkessel (*plugs*) heraus, um den Arbeitsablauf zu unterbrechen. Diese örtliche Streikaktion weitete sich sehr schnell aus. Sie führte zu einem großen Streik im gesamten mittelenglischen Textilgebiet und gipfelte in der Forderung nach einem nationalen Generalstreik.

Die Industrialisierung Belgiens:
Früher Start und langer Atem

Belgien wird in der Wirtschaftsgeschichtsschreibung häufig als der erste Industriestaat des europäischen Kontinents bezeichnet, also als der Staat, der am raschesten und auch in der Form am ehesten dem Beispiel Großbritanniens folgte. Als Zeitpunkt für die Übernahme der Entwicklungsimpulse von jenseits des Kanals werden von den Forschern das frühe 19. Jahrhundert, zumeist die Jahre um 1830 gesehen.

Trotz dieses angenommenen frühen Starts ist der Verlauf der belgischen Industrialisierung bis heute aber weit weniger gut erforscht, als man meinen möchte. Das mag an der zahlenmäßig geringeren Forschungskapazität eines relativ kleinen Landes wie Belgien liegen, aber vielleicht auch daran, daß man den Verlauf der belgischen Industrialisierung häufig als im wesentlichen identisch mit dem britischen Vorbild ansieht. Deswegen erscheint ihre Untersuchung weniger ertragreich als die der vorgeblichen Sonderentwicklungen in Deutschland oder Frankreich. Sicherlich hat auch die geringere internationale Bedeutung der belgischen Volkswirtschaft zu diesem Forschungsdefizit beigetragen, so daß sich außer wenigen einheimischen Forschern nur einige Angelsachsen an der Analyse der langfristigen Entwicklung der belgischen Wirtschaft beteiligt haben.

Als zusätzliches Problem bei der Analyse der belgischen Wirtschaft kommt hinzu, daß es einen belgischen Staat erst seit dem industriellen Durchbruch dieser Region gibt. Bis 1794 gehörten die späteren belgischen Territorien zu den österreichischen Niederlanden bzw. waren zum Teil geistliche Fürstentümer. Danach wurden sie dem französischen Staatsgebiet eingegliedert; zwischen 1815 und 1830 waren sie mit den Niederlanden vereinigt und erst 1830 konstituierte sich das Königreich Belgien.[21]

Wachstum und Strukturwandel der belgischen Wirtschaft im 19. Jahrhundert

Eine umfassende Rekonstruktion der Entwicklung des belgischen Sozialprodukts und seiner Komponenten für das 19. Jahrhundert ist bislang noch nicht gelungen. Lange Reihen über die gesamtwirtschaftliche Wertschöpfung liegen daher nicht vor. Schätzungen des Sozialprodukts sind sehr fragmentarisch und finden sich nur für die Jahre 1846, 1870, 1880 und 1910. Aber nicht nur wegen der Eigentümlichkeiten des belgischen Industriewachstums erscheint eine genaue Datierung des Beginns der Industrialisierung in Belgien außerordentlich schwierig. Folgt man zum Beispiel *J. Craeybeckx*, so läßt sich bereits für das Ende des Ancien Régime der Beginn eines noch diskontinuierlichen industriellen Wachstums bei stetiger Verbesserung der Produktionstechnik konstatieren. Ähnlich argumentieren auch *P. Devleeshouwer* und weitere Autoren, deren Ergebnisse es außerordentlich schwer machen, einen eindeutigen »Take Off« der belgischen Wirtschaft festzulegen.

Vermutlich ist die Vorstellung einer rapiden Beschleunigung der wirtschaftlichen Entwicklung, die sich bereits im »revolutionären« Fall der britischen Industrialisierung als problematisch erwiesen hat, für den belgischen Fall noch weit weniger geeignet. *Rostows* Vorstellung eines Take Off in Belgien zwischen 1833 und 1860 ist jedenfalls empirisch kaum zu belegen. Vielmehr scheint die belgische Wirtschaft bereits seit 1760 ein verstärktes Wachstum erlebt zu haben, insbesondere im Bereich des Kohlenbergbaus von Charleroi.

Das Fehlen einer eindeutig identifizierbaren, plötzlichen Wachstumsbeschleunigung der belgischen Wirtschaft im frühen 19. Jahrhundert hat seine Ursache auch in der Tatsache, daß die Regionen und Branchen im 18. Jahrhundert ein außerordentlich divergentes Entwicklungsmuster zeigen.[22] Die meisten Autoren stimmen jedoch darin überein, daß der Beginn der Industrialisierung in den Zeitraum 1800 bis 1830 zu legen ist.[23] Dieser Aufschwungsphase mag eine Vorbereitungsphase von 1750 bis 1780 vorangegangen sein, während die folgende »französische Zeit« nur von begrenzten Fortschritten gekennzeichnet war.

Einigkeit besteht in der Forschung allerdings über die Einordnung in den internationalen Industrialisierungskontext. Belgien wird allgemein als das Land angesehen, das dem Prozeß der Industrialisierung auf dem Kontinent zum Durchbruch verhalf. Dabei folgte Belgien eng dem englischen Modell: Ähnliche Leitsektoren prägten die Entwicklung, ein gut ausgebautes Verkehrsnetz stand zur Verfügung, ausreichende Kohleressourcen waren vorhanden und ein fortgeschrittenes Agrarsystem begünstigte überdies die Industrialisierungsbemühungen. Doch zeigen sich auch deutliche Unterschiede zwischen England und Belgien, die der Analogie Grenzen setzen. Protoindustrielle Traditionen spielten z. B. in Belgien eine größere Rolle als in England; außerdem übernahm der belgische Staat eine aktivere Rolle im Industrialisierungsprozeß als der englische.

Nimmt man, wegen des Fehlens von Angaben über die Entwicklung des Sozialprodukts, allein die belgische Industrieproduktion zum Maßstab des Industrialisierungsfortschritts, so offenbaren sich ebenfalls einige Unvollkommenheiten. Genaue Datenreihen mit Hinweisen auf ihre Rekonstruktion finden sich auch hier nicht, sondern nur graphische Präsentationen und grobe Durchschnittswerte. Zudem fehlt mit dem Sozialprodukt ein gesamtwirtschaftlicher Maßstab, um die *relative* Entwicklung des Industriesektors zutreffend einordnen zu können.

Immerhin zeigt sich seit den 1840er Jahren ein dramatischer Anstieg der Industrieproduktion Belgiens, deren Veränderungen, gemessen in den jährlichen Wachstumsraten, zugleich Aufschluß über konjunkturelle Schwankungen geben (Abb. 2).

Das in den 30er Jahren des 19. Jahrhunderts beginnende Industriewachstum wird bis in die fünfziger und sechziger Jahre durch kraftvolle Wachstumsraten von bis zu 5 % pro Jahr vorangetrieben, ehe sich nach 1865 auch in der belgischen Industrie eine weltweite Wachstumsschwächung bemerkbar macht, die bis in die Mitte der achtziger Jahre anhält und zu einem Rückgang der jährlichen Wachstumsrate der belgischen Industrieproduktion bis auf 1 % führt. Dann beschleunigt sich das Industriewachstum Belgiens

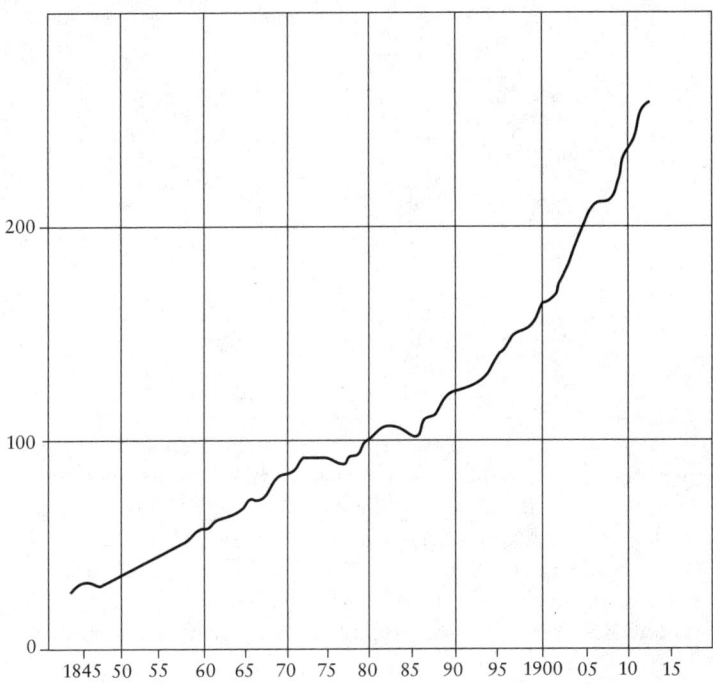

erneut auf Wachstumsraten um 4% zu Beginn des 20. Jahrhunderts. Der Verlauf der Wachstumsrate der belgischen Industrieproduktion bietet ein anschauliches Bild dieses nicht störungsfreien Aufschwungs (Abb. 3).

Abb. 3: Wachstumsrate der belgischen Industrieproduktion 1850–1913 [25] (in %, geglättet)

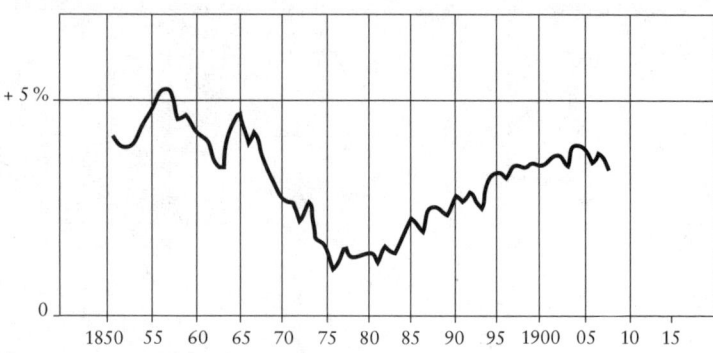

Die Unstetigkeit der Entwicklung der belgischen Industrie wird auch bei einer genaueren Kalkulation ihrer Wachstumsraten bestätigt (Tab. 4). Insbesondere die Krise um 1847/49 führt zu einer deutlichen Wachstumsverlangsamung in den 1850er Jahren. Der Rückschlag in den 1870er und 1880er Jahren wird auch hier offenbar, ebenso wie die allmähliche Erholung seit den 1890er Jahren und der neue Wachstumsschub an der Jahrhundertwende.

Tabelle 4: Durchschnittliche Wachstumsrate der Industrieproduktion in Belgien 1840–1913 [26]

Zeitraum	Wachstumsrate	Zeitraum	Wachstumsrate
1840–1850	1,77	1880–1890	1,89
1850–1860	4,42	1890–1900	2,80
1860–1870	4,15	1900–1910	3,30
1870–1880	1,62	1910–1913	4,10

Gardisseur stellt in seinen Graphiken die Entwicklung verschiedener Industriebranchen dar, die sehr unterschiedliche Entwicklungsverläufe zeigen. Damit wird das Bild einer uneinheitlichen Industrialisierung, die ja schon eine genaue Datierung des Beginns dieses Prozesses so außerordentlich erschwerte, erneut sichtbar.

Der belgische *Steinkohlenbergbau* erlebte bereits im 18. Jahrhundert einen deutlichen Aufschwung, der nur von der Expansion der englischen Reviere übertroffen wurde. In der späteren Provinz Hainaut wurden im späten 18. Jahrhundert bereits mehr als eine halbe Million Tonnen Steinkohle jährlich gefördert. Diese Zahl verdoppelte sich Anfang des 19. Jahrhunderts und stieg bereits in den 1830er Jahren, als mit der Region Lüttich ein weiteres Fördergebiet hinzukam, auf mehr als zwei Millionen Tonnen Steinkohle jährlich an. Bis 1910 wuchs dann die Steinkohlenförderung Belgiens auf weit über 20 Millionen t jährlich. Dabei muß man berücksichtigen, daß die Steinkohlenförderung im relativ kleinen Belgien erst 1854 von Deutschland mit seinen großen Kohlenlagerstätten an Saar, Ruhr und Oder übertroffen wurde. In der Pro-Kopf-Steinkohlenförderung blieb Belgien bis zum Ersten Weltkrieg führend.

Weiterhin ist zu berücksichtigen, daß der Aufschwung der belgischen Steinkohlenindustrie nicht stetig erfolgte und in den verschiedenen Revieren uneinheitlich verlief. In Hainaut hatte sich zu Beginn des 19. Jahrhunderts die Produktion schnell verdoppelt, ehe sich das Produktionswachstum zwischen 1815 und 1835 deutlich abschwächte, sich danach erneut steigerte und schließlich nach 1850 nur noch mäßig blieb. Alle vier belgischen Kohlenreviere, die *Borinage* südwestlich von Mons, das Gebiet um Charleroi im östlichen Hainaut sowie das *Centre*, zwischen beiden gelegen, und das später erschlossene Fördergebiet um Lüttich, zeigen in ihrem Entwicklungsverlauf zudem ein deutlich voneinander unterscheidbares Muster.

Ähnlich wie dem Steinkohlenbergbau kam der belgischen *Eisenindustrie* bereits vor dem Beginn der eigentlichen Industrialisierung des Landes große Bedeutung zu. Die beiden traditionellen Zentren der Eisenindustrie fanden sich südlich von Maas und Sambre in der Provinz Naumur und in den Ardennen südlich von Lüttich. In diesen Gebirgsregionen wurden lokale Erze mit Holzkohle verhüttet. Das gewonnene Eisen wurde mittels der reichlich vorhandenen Wasserkraft weiterverarbeitet. Gegen Ende des 18. Jahrhunderts wanderte die Eisenindustrie aus ihren traditionellen Zentren ab und siedelte sich auf den Steinkohlenfeldern um Lüttich und Charleroi neu an. In Charleroi wurde bereits 1783 ein erstes Hüttenwerk gegründet, die Region um Lüttich erlangte nach 1815 größere Bedeutung für die belgische Eisenindustrie. Trotz der Verlagerung der Eisenindustrie in die Steinkohlenzentren blieb sie zunächst noch der traditionellen Holzkohlentechnologie verhaftet, möglicherweise auch wegen der kriegsbedingten Abschottung von den englischen Fortschritten. Dennoch erlebte die Branche wegen der französischen Nachfrage in diesen Jahren einen deutlichen Aufschwung: Mit einem durchschnittlichen jährlichen Wachstum der Produktion von 2,2 % verdoppelte sich die Roheisenproduktion zwischen 1789 und 1811 auf 37 700 t (Tab. 5).

Die neuen Eisentechnologien fanden erst nach 1820 Verbreitung. 1821 wurde der erste Puddelofen in Betrieb gesetzt, und im gleichen Jahr wurden Experimente mit dem Einsatz von Koks im Hochofen begonnen. 1826 gelang es, den ersten, speziell für den Einsatz von Koks errichteten Hochofen bei Cockerill in Searing in Betrieb zu setzen. Bis 1845 sank der Anteil der Holzkohlenhochöfen an der Roheisenerzeugung auf 10 %, während es im gleichen Jahr bereits 161 Puddelöfen gab. Die belgische Eisenindustrie erlebte also seit den 1820er Jahren einen deutlichen Aufschwung, verbunden mit einem Modernisierungsschub. Dies wird durch die Entwicklung ihrer Produktion deutlich, die allerdings erst seit 1830 bzw. 1845 einigermaßen zuverlässig geschätzt werden kann. Für die Zeit vor 1830 weisen grobe Schätzungen von *J. Craeybeckx* ebenfalls in diese Richtung.

Tabelle 5: Produktion der belgischen Eisenindustrie 1830–1870[27]

| Jahr | Roheisen (in 1000 t) | | | Schmiedeeisen (in 1000 t) | | |
	mit Koks	mit Holz-kohle	insges.	insges.	Zahl der Frisch-feuer	Zahl der Puddel-öfen
1830	14,0	34,5	48,5	–	–	–
1836	68,4–82,8	33,0	101,4–115,8	–	–	–
1841	80,0	25,0	105,0	–	–	–
1845	121,1	13,5	134,6	62,3	137	161
1850	131,1	13,3	144,5	72,7	131	192
1855	280,1	14,1	294,2	144,6	113	282
1860	314,7	5,3	320,0	218,3	85	314
1865	466,2	4,6	470,8	349,7	51	558
1870	563,5	1,8	565,3	522,6	15	714

Bemerkenswert erscheint auch die Entwicklung der *Metallverarbeitung* und des *Maschinenbaus* in Belgien. Die ausschließlich im Heimgewerbe organisierte Metallverarbeitung stellte zu Anfang des 19. Jahrhunderts die wichtigste Exportbranche des Landes dar. Doch um 1830 setzte der Niedergang dieser Branche ein, als traditionelle Absatzmärkte, so der Export von Nägeln für den holländischen Schiffsbau, verlorengingen und die Konkurrenz industriell gefertigter Metallwaren immer fühlbarer wurde. Der Maschinenbau in Belgien war zunächst sehr eng mit der Nachfrage nach Textilmaschinen verbunden, die für die Mechanisierung der belgischen Textilindustrie benötigt wurden. Die Baumwollindustrie um Gent ebenso wie die Wollindustrie um Verviers benötigte zahlreiche neue Maschinen, die wiederum umfangreiche Reparatur- und Wartungsarbeiten verlangten. Hier tat sich besonders die Familie Cockerill hervor, die bald zahlreiche Nachahmer insbesondere in der Lütticher Region fand, wo bereits mit dem Bau von Dampfmaschinen im 18. Jahrhundert erste Erfahrungen im Maschinenbau gesammelt werden konnten. Die Maschinenbauindustrie Belgiens wuchs nach 1815 dann relativ kontinuierlich weiter und konnte beachtliche Exporterfolge erringen.

Neben Schwerindustrie und Maschinenbau bildete schließlich vor allem die Textilindustrie eine wichtige Stütze für die belgische Industrialisierung. In der Region um Gent fand die Baumwollindustrie ihren Standort, die Wollindustrie in und um Verviers, und die Leinenindustrie verteilte sich über den gesamten flandrischen Landesteil. Die *Baumwollindustrie*, die eng auf den Genter Raum begrenzt blieb, hatte sich aus der dort bereits blühenden Kattundruckerei entwickelt, und schon am Ende des 18. Jahrhunderts gelang es, diese zu mechanisieren und in Fabriken zu organisieren. *Liewens Bauwens* gab dafür 1798, unterstützt durch englische Mechaniker und englische Technologie, das Vorbild. Der Zugang zum französischen Markt trug dabei wesentlich zur Expansion der Branche bis 1815 bei. Der Wegfall des französischen Marktes nach 1815 und die nun massiv spürbare englische Konkurrenz stürzten die belgische Baumwollindustrie in eine Krise, die jedoch schnell durch eine Umorientierung auf Exporte in die niederländischen Kolonien überwunden werden konnte. Die Mechanisierung der Branche wurde weiter vorangetrieben und machte eine erneute Umorientierung der Absatzgebiete nach Wegfall der niederländischen Kolonialmärkte möglich. Das Expansionstempo der Baumwollindustrie verminderte sich jedoch nach 1830.

Die *Wollindustrie* in der Region um Verviers folgte einem ähnlichen Entwicklungsmuster wie die Genter Baumwollindustrie. Auch hier war schon am Ende des 18. Jahrhunderts ein Konzentrationsprozeß eingetreten, der zur Fabrikorganisation und zur Mechanisierung führte. Ein erster, kräftiger Wachstumsschub hielt etwa bis 1812 an, gefolgt von einer Krise, die um 1820 überwunden war. Die belgische Unabhängigkeit 1830 bedeutete auch für die Wollindustrie den Verlust von Absatzmärkten, doch gelang ihr ebenfalls eine Anpassung an die veränderten Verhältnisse, so daß ab ca. 1835 erneut eine moderate, auf Exporte in die USA und nach Deutschland aufbauende Expansion einsetzte.

Die *Leinenindustrie* Belgiens unterscheidet sich in ihrer Entwicklung grundsätzlich von den beiden vorher genannten Branchen der Textilindustrie. Die Leinenherstellung prägte bereits über einen langen Zeitraum die ländlichen Regionen Flanderns. Der Flachs wurde auf einem beachtlichen Teil (ca. 5 %) der Ackerfläche angebaut, und zahlreiche Landbewohner fanden bei der Bearbeitung des Rohmaterials, beim Spinnen der Leinengarne und beim Weben Beschäftigung. Die Leinenproduktion war fest in das Agrarsystem eingebaut, vielfach wurde sie als Nebenerwerb bäuerlicher Familien betrieben, später jedoch wurde sie zunehmend zu deren Haupterwerb und drängte die landwirtschaftliche Tätigkeit in eine Nebenrolle. Die flandrische Leinenindustrie bietet somit ein gutes Beispiel für den Übergang von einem vorindustriell geprägten Heimgewerbe zu einer modernen Fabrikindustrie, wenn auch dieser Übergang Mitte des 19. Jahrhunderts längst noch nicht erfolgreich vollzogen war.

Langfristig erwies sich die enge Verknüpfung der Leinenindustrie mit dem Agrarsystem sogar als hinderlich für die Einführung industrieller Produktionsformen in dieser Branche. Eine Mechanisierung begann erst 1838, das Heimgewerbe verlor rasch an Bedeutung, und weite Teile Flanderns wurden wiederum zu reinen Agrarregionen. Die Zahl der Heimgewerbetreibenden, die um 1800 ca. 250 000 Personen gezählt hatte, ging dramatisch zurück, und nur wenige Fabrikarbeiter traten in der Leinenindustrie an ihre Stelle, zudem, verglichen mit der Baumwoll- und Wollindustrie, zeitlich deutlich verzögert:

Tabelle 6: Fabrikarbeiter in der belgischen Textilindustrie 1846–1910[28]

Jahr	Baumwolle	Wolle	Leinen
1846	12 631	16 543	9471
1896	15 482	22 456	22 859
1910	34 028	23 547	23 311

Die drei Teilbereiche der belgischen Textilindustrie zeigen demnach ein deutlich unterschiedliches Entwicklungsmuster. Bei Baumwolle und Wolle eine frühe Mechanisierung und ein beachtliches Wachstum, bei Leinen zunächst Niedergang und Zusammenbruch eines ländlich orientierten Produktionssystems, das erst später und verzögert durch ein modernes Fabriksystem ersetzt

47

werden konnte. Gemeinsam war allen eine große Exportabhängigkeit.

Wie schon bei der Diskussion des langfristigen britischen Wirtschaftswachstums, stellt sich am belgischen Beispiel ebenfalls die Frage nach der Kontinuität des Entwicklungsprozesses und der Existenz einer Vorlaufphase gewerblicher Expansion vor dem eigentlichen Durchbruch zu industriellen Wachstumsformen. Darauf hat *Walt W. Rostow* bereits 1960 hingewiesen, als er in seiner Stadientheorie ökonomischer Entwicklung die zentrale Bedeutung der Schaffung bestimmter Vorbedingungen für den Durchbruch zur Industrialisierung unterstrich. Dieser Gedanke wurde auch von *Simon Kuznets* weiter verfolgt, der darauf aufmerksam machte, daß neben der Ausweitung der produktiven Ressourcen einer Gesellschaft, der Erweiterung ihrer Absatzchancen und der Reorganisation ihrer produktiven Institutionen vor allem eine erhöhte Effizienz der traditionellen Wirtschaftssektoren entscheidend zum industriellen Durchbruch beiträgt. Industrielles Wachstum tritt also nicht voraussetzungslos auf, sondern baut auf z. T. jahrhundertealte gewerbliche Traditionen, wie im Falle der belgischen Textilindustrie.

In Belgien, vornehmlich in Flandern, war während der frühen Neuzeit die Herstellung von Textilien längst zum wichtigsten Erwerbszweig der ländlichen Bevölkerung geworden. Der überwiegende Teil dieser Leinenproduktion wurde exportiert und nur ein Bruchteil im Lande selbst verbraucht. Das Hauptabsatzgebiet bildete Spanien mit seinen amerikanischen Kolonien. Die Leinenproduktion bot der ländlichen Bevölkerung eine Alternative zu der gering entlohnten Tätigkeit in der Landwirtschaft oder zur Unterbeschäftigung. Daher wandte sich die verarmte ländliche Bevölkerung sehr schnell dieser gewerblichen Tätigkeit zu, zunächst im Neben-, später im Hauptgewerbe. Sie schuf sich damit trotz einer unzureichenden Bodenausstattung die Basis zur Subsistenz und Reproduktion. Dies war nicht nur in Flandern, sondern in zahlreichen weiteren Regionen Europas im 18. Jahrhundert beobachtbar. Doch gerade das Beispiel Flandern gab *Franklin F. Mendels* Anlaß zur Formulierung seines Modells der *Protoindustrialisierung*. Unter dieser Bezeichnung wird seitdem in der Fachwelt die zunehmende Gewerbeproduktion ländlicher Regionen für internationale Märkte diskutiert. Insbesondere die Arbeit von *Kriedte, Medick* und *Schlumbohm* von 1977 hat dazu beigetragen, das ursprünglich auf Flandern bezogene Modell allgemeiner als ein Modell des Übergangs zu formulieren. Die Einbeziehung des Reproduktionsverhaltens der ländlichen Bevölkerung im Rahmen einer Familienwirtschaft dient dazu, das rapide Bevölkerungswachstum der Zeit mit in den Erklärungszusammenhang einzubeziehen. In diesem Sinne erscheint die Protoindustrialisierung als ein Durchgangsstadium auf dem Weg zur eigentlichen Industrialisierung im Fabriksystem. Sie stellt ein Produktionssystem dar, das einerseits mit der traditionellen Landwirtschaft verbunden, andererseits jedoch mit internationalen Märkten verkoppelt war und, aufbauend auf einem höchst instabilen demoökonomischen System, eine kapitalistische Industrialisierung förmlich erzwang. Es gibt zahlreiche Einwände gegen den logischen Erklärungsgehalt dieses Konzepts sowie Vorbehalte gegenüber empirischen Belegen zu seiner historischen Absicherung, doch sie vermögen die analytische Fruchtbarkeit der Vorstellung einer Protoindustrialisierung kaum zu erschüttern.

Triebkräfte der belgischen Industrialisierung

Es stellt sich nun generell die Frage, wodurch Belgien in die Lage gesetzt wurde, nicht nur einen protoindustriellen Entwicklungsimpuls aufzunehmen, sondern diesen in einen gänzlich anderen, auf andere Branchen gestützten und in anderen Regionen stattfindenden industriellen Wachstumspfad zu übertragen. Was machte Belgien zur ersten Industrienation auf dem Kontinent?

Die Identifizierung der Ursachen industriellen Wachstums stellt natürlich nicht nur ein Hauptproblem historischer Industrialisierungsforschung dar, sondern beschäftigt in gleicher Weise die Wirtschaftswissenschaftler der Gegenwart. Zwar wendet die neoklassische Wachstumstheorie ihr Hauptaugenmerk nicht den Ursachen des Wirtschaftswachstums zu – dies bleibt einer wesentlich breiter orientierten Entwicklungstheorie vorbehalten. Sie beschränkt sich auf die Formulierung einer sogenannten »makroökonomischen Produktionsfunktion« und die Bedingungen gleichgewichtigen Wachstums. Damit stellt sie allerdings ein Instrument zur Verfügung, mit dem die Triebkräfte der Industrialisierung und des Wirtschaftswachstums zumindest klassifiziert und in ihrer Wirkung grob geschätzt werden können. In ihrer ursprünglichen Form erscheint die Produktionsfunktion in der Verknüpfung des Outputs einer Volkswirtschaft, gemessen durch das Sozialprodukt, mit den Einsatzmengen der wichtigsten volkswirtschaftlichen Produktionsfaktoren: Arbeit und Kapital, die durch das gesamtwirtschaftliche Arbeitspotential und den Kapitalstock einer Volkswirtschaft gemessen werden.

Empirische Untersuchungen über das Wachstum der modernen Volkswirtschaften haben jedoch schon bald gezeigt, daß das enorme Wachstum der letzten Dekaden nicht allein durch eine Ausdehnung der produktiven Inputs Arbeit und Kapital erklärt werden kann. Während z. B. das Sozialprodukt in Großbritannien zwischen 1925/29 und 1963 jährlich im Durchschnitt mit einer Rate von 1,93 % gewachsen ist, hat sich der Arbeitsinput im gleichen Zeitraum jährlich lediglich um durchschnittliche 0,82 % erhöht, und auch der Kapitalstock wuchs nur mit einer Rate von 1,77 % jährlich. Gewichtet man beide Einsatzfaktoren in ihrer relativen Bedeutung für die Volkswirtschaft, so kann man die Wachstumsrate des gewichteten Faktoreinsatzes für diesen Zeitraum mit 1,77 % ansetzen, so daß ein Residuum, ein ungeklärter Rest der gesamtwirtschaftlichen Wachstumsrate von 0,83 % jährlich verbleibt. Dieses Restwachstum läßt sich nicht aus einer Erhöhung des Einsatzes von Arbeit und Kapital, der produktiven Inputs also, herleiten und verlangt nach einer zusätzlichen Erläuterung.[29]

Die Ökonomen haben sich bislang damit beholfen, den ungeklärten Rest des Wirtschaftswachstums als technischen Fortschritt zu klassifizieren. Sie sehen darin nicht die Wirkung der quantitativen Erhöhung produktiver Inputs, sondern die ihrer *qualitativen* Veränderungen, verkörpert in Arbeit und Kapital. Damit ist der ursprünglich auf den Zusammenhang zwischen Output und dem

Einsatz von Arbeit und Kapital begrenzte Ansatz einer makroökonomischen Produktionsfunktion um einen dritten Faktor erweitert
worden und der technische Fortschritt als dritter, wesentlicher
Einflußfaktor im gesamtwirtschaftlichen Produktionszusammenhang berücksichtigt.

Für historische Analysen scheint aber auch dieser erweiterte
Ansatz noch unzureichend. Wegen der großen Bedeutung des
Agrarsektors in der frühen Industrialisierung bedarf er, um
als heuristisches Konzept zur Analyse der Triebkräfte des Industrialisierungsprozesses dienen zu können, zumindest noch der
Erweiterung durch eine explizite Berücksichtigung des Produk-
tionsfaktors »Boden/natürliche Ressourcen«, wie dies in frühen
ökonomischen Modellbildungen, etwa denen der Physiokraten,
ausdrücklich geschehen ist. Möglicherweise empfiehlt es sich, wegen der starken Impulse der internationalen Austauschbeziehungen gerade in der frühen Industrialisierung auch die Anstöße
durch die Außenwirtschaft explizit in der makroökonomischen
Produktionsfunktion zu berücksichtigen.

Wenn wir uns nun der Ausstattung Belgiens mit diesen eben erwähnten volkswirtschaftlichen Produktionsfaktoren zuwenden
und diese als »Triebkräfte« der Industrialisierung zu identifizieren
versuchen, so wird deutlich, daß ein derartiger Versuch äußerst begrenzt bleiben muß. Es wird hier kaum möglich sein, den gesamtwirtschaftlichen Entwicklungszusammenhang explizit im Sinne
eines makroökonomischen Entwicklungsprozesses zu bestimmen.
Konzeptionelle, definitorische und empirische Probleme stehen
dem im Wege. Dennoch bietet eine solche Vorstellung einen heuri-
stischen Rahmen, in dem »Triebkräfte« der belgischen Industrialisierung sinnvoll diskutiert werden können.

Bevölkerungswachstum führt notwendigerweise zu einer Erhöhung des Arbeitspotentials einer Volkswirtschaft, nicht jedoch zwangsläufig zu einem gesteigerten Wirtschaftswachstum –
manchmal ist genau das Gegenteil der Fall. Bevölkerungswachstum hat eine doppelte Wirkung auf die Wirtschaft: Es erhöht die
Verfügbarkeit menschlicher Ressourcen, d. h. es erhöht tendenziell
den *Arbeitsinput*, aber zugleich führt eine wachsende Bevölkerung

zu einer verstärkten Belastung der bereits vorhandenen Ressourcen. Welcher der beiden gegenläufigen Effekte die Oberhand behält, hängt vom Entwicklungsniveau und dem Umfang der Verfügbarkeit komplementärer Produktionsfaktoren einer Gesellschaft ab. Die Merkantilisten des 17. Jahrhunderts neigten zu einer eher positiven Einschätzung gegenüber dem Bevölkerungswachstum, während im späten 18. Jahrhundert eine negativere Sicht vorherrschte, die in den Arbeiten von *Robert Thomas Malthus*[30] beredten Ausdruck fand. Dieser formulierte ein Gesetz der Bevölkerungsentwicklung, nach dem jede Zunahme der Bevölkerung wegen der begrenzten Möglichkeiten der Ausdehnung der Nahrungsmittelproduktion sehr bald an ihre Grenzen stößt und in einer erneuten Hungerkrise enden muß.

Die Bevölkerung in den Territorien des späteren Belgiens verzeichnete schon vor Beginn der Industrialisierung im frühen 19. Jahrhundert ein bemerkenswertes Wachstum, das sich ab etwa 1830 deutlich verlangsamte. Bis dahin wuchs die Bevölkerung in allen Regionen etwa gleich stark, doch dann zeigten sich deutliche Unterschiede in der Bevölkerungsentwicklung. Noch hervorstechender war allerdings das Wachstum der Städte: 1846 lebten schon mehr als 60 % aller Einwohner in Städten.

Nun ist es natürlich nicht die gesamte Bevölkerung eines Landes, die der Wirtschaft als Arbeitsinput zur Verfügung steht. Die berufliche Verteilung, der Ausbildungsstand ebenso wie Altersstruktur, Geschlechterproportionen etc. bestimmen das Arbeitspotential. Gleichfalls Einfluß haben bestimmte soziale und institutionelle Regelungen wie die Verbreitung der Frauenerwerbstätigkeit, das Vorhandensein von Alterssicherungssystemen und das Rentenalter sowie der Umfang und die Ausdehnung eines Systems von Bildung und Ausbildung vor dem Eintritt in einen Beruf. Direkte und zuverlässige Informationen hinsichtlich der Entstehung und Entfaltung eines industriellen Beschäftigungssystems in Belgien sind kaum verfügbar. Im Gewerbe fanden bereits 1845 etwa ein Drittel (36 %) aller Erwerbstätigen des Landes Beschäftigung, und dieser Anteil stieg bis 1910 auf 46 %, während derjenige der Landwirtschaft im gleichen Zeitraum von 51 auf 23 % zurückging; der Rest der Arbeitskräfte war im Dienstleistungssektor tätig.[31]

Die Zunftverfassung in der belgischen Gewerbeproduktion war schon vor der französischen Zeit in Auflösung begriffen und wurde durch die napoleonischen Reformen gänzlich abgeschafft. Es gab daher genügend freie Arbeitskräfte im Land, und die rasche Technikadaption in verschiedenen Branchen legt den Schluß nahe, daß deren Qualifikation völlig ausreichte. Es war zunächst die Textil- und Bekleidungsindustrie, die einen Großteil des belgischen Arbeitspotentials beanspruchte: 1846 ca. 40 % aller gewerblich Beschäftigten. Daneben waren die Eisen- und Metallindustrie und der Maschinenbau im gleichen Jahr mit 16,5 % ebenfalls bedeutende Nachfrager gewerblicher Arbeitskräfte. Ähnliches gilt für den Kohlenbergbau, der hier nicht im Gewerbe berücksichtigt ist. In Belgien hatte sich demnach offenbar bereits zur Mitte des 19. Jahrhunderts ein von Gewerbe und Industrie dominiertes Beschäftigungssystem etabliert.

Kapitalbildung und deren Finanzierung stellen in der traditionellen Sicht des Industrialisierungsprozesses schlechthin *den* zentralen Tatbestand dar. Nicht umsonst hat daher *Karl Marx* seiner epochemachenden Analyse dieses Prozesses den Titel »Das Kapital« gegeben, und zahlreiche seiner Kritiker und Schüler stimmen mit ihm darin überein, daß in der Akkumulation des Kapitals die Haupttriebfeder der ökonomischen Entwicklung der modernen Gesellschaft zu sehen ist. Gemeint ist hier vor allem »Sachkapital«, investiert in Maschinen, Anlagen und Fabriken und unterschieden vom »Finanzkapital«, der monetären Sphäre einer Volkswirtschaft, ebenso wie vom »Humankapital«, der Bevölkerung. Kapitalbildung bedeutet daher Aufbau und Ausweitung des realen Kapitalstocks durch den Kauf von Produktionsmitteln, d. h. durch Investitionen. Die Investitionstätigkeit in einer Volkswirtschaft hängt in entscheidendem Maße von ihrem »Reichtum«, d. h. vom Umfang vorhandener Ersparnisse, sowie von der Möglichkeit und Bereitschaft ab, risikoreiche Investitionen zu tätigen. Die Entwicklung eines effizienten Kapitalmarktes kann dabei von großer Hilfe sein.

Die Kapitalbildung in der belgischen Volkswirtschaft ist bis heute nicht gut erforscht. Daten über das Wachstum des Kapitalstocks vor 1860/70 liegen nicht vor. Der Adel, reiche Grundbesitzer und Rentiers haben offenbar in beachtlichem Ausmaß zum Aufbau eines industriellen Kapitalstocks in Belgien beigetragen. Auch die traditionelle Wirtschaftselite, die Genter Kaufleute, die Hüttenmeister des Hainaut und die Tuchhersteller aus Verviers, beteiligten sich an diesem Prozeß, der durch die Spekulation um die säkularisierten Kirchengüter weiter vorangetrieben wurde. Die vorherrschenden Unternehmensformen der neuen Industriebetriebe blieben bis zum Ende der 1820er Jahre das Familienunternehmen und die Kommanditgesellschaft, nach 1830 gewannen Aktiengesellschaften schnell an Boden. Dies geschah durch aktive Förderung der gleichzeitig an Bedeutung gewinnenden Banken. Hierbei spielte die Gründung der »Société Générale de Belgique« als Aktienbank im Jahre 1822 eine bedeutende Rolle als eine folgenreiche Innovation im belgischen Bankenwesen. Diese konzentrierte sich nach 1835 sehr stark auf das Finanzierungsgeschäft von Industrieunternehmen und traf hier auf die Konkurrenz der 1835 gegründeten »Banque de Belgique«. Ein Wettlauf zwischen beiden Banken um die Neugründung von Industrieaktiengesellschaften setzte ein und resultierte in der Neugründung von 55 Aktiengesellschaften mit einem Kapital von über 150 Millionen belgischen Francs allein in den nächsten vier Jahren. Besonders die Schwerindustrie profitierte von diesem Gründerboom. In den Krisen von 1838 und 1848 erwies sich das schnell gewachsene dynamische Bankensystem allerdings als recht instabil und mußte mit Hilfe des Staates gestützt, reorganisiert und auf eine solide Basis gestellt werden. Dieser Restrukturierungsprozeß fand mit der Gründung der belgischen Zentralbank 1851 seinen Abschluß.

Auch die *Landwirtschaft*, oder allgemeiner formuliert, die Verfügbarkeit natürlicher Ressourcen wie Ackerfläche, Bodenschätze und ähnliches blieb für den Erfolg der Industrialisierung der europäischen Staaten von ausschlaggebender Bedeutung. Bis weit in das 19. Jahrhundert hinein, und in den meisten europäischen Staaten sogar bis ins 20. Jahrhundert, blieb die Landwirtschaft der dominierende Sektor der Volkswirtschaft. Die landwirtschaftliche Nutzfläche wurde weiter ausgedehnt, die Zahl der landwirtschaft-

54

lich Beschäftigten stieg, und Produktion und Produktivität des Agrarsektors wuchsen beachtlich, kurzum: Die Landwirtschaft blieb auch während der Industrialisierung auf Expansionskurs.

Zwar wäre die Vorstellung einer der industriellen Revolution vorauseilenden »Agrarrevolution« eine Überinterpretation der historischen Zusammenhänge, doch die Expansion der Landwirtschaft hat zweifellos wichtige Beiträge zum industriellen Wachstum der europäischen Staaten geleistet. Am britischen Beispiel haben zahlreiche Autoren immer wieder auf derartige Beiträge verwiesen. Immerhin war die britische Landwirtschaft in der Lage, eine dramatisch wachsende Bevölkerung zu ernähren, ohne zusätzliche Arbeitskräfte zu beanspruchen, sondern diese sogar langfristig verstärkt für industrielle Tätigkeiten freizusetzen. Darüber hinaus bedeuteten steigende landwirtschaftliche Einkommen eine zusätzliche Nachfrage nach Industrieprodukten, ländliche Ersparnisse konnten in industrielle Investitionen fließen, und Exporterlöse für Agrarprodukte standen zu Rohstoffimporten bereit. Diese Dynamisierung des Agrarsektors läßt sich auf zahlreiche, teilweise weit zurückreichende Faktoren beziehen, bei denen Veränderungen in der Produktionsweise, die in den vorausgehenden Jahrhunderten vor allem in den Niederlanden entwickelt worden waren, ebenso eine Rolle spielten wie Veränderungen im Sozialsystem und den Eigentumsverhältnissen der ländlichen Gesellschaft, die man in England vor allem mit dem Begriff »Einhegungen« assoziiert und in Preußen und Deutschland mit den Begriffen »Bauernbefreiung« und »Agrarreformen«.

Die Landwirtschaft Belgiens, insbesondere diejenige Flanderns, verfügte schon zu Beginn des 19. Jahrhunderts über eine beachtliche Produktivität und Ertragskraft. Stark parzelliert, meist von Pächtern bewirtschaftet, vor 1793 mit geringeren Feudallasten als anderswo in Europa belastet, versorgte sie ein Land, das einer der dichtestbesiedelten Räume Europas war. Der Bodenbesitz war in der Hand weniger Grundbesitzer konzentriert, und diese Konzentration wurde durch die Säkularisation der Kirchengüter und die Privatisierung der kommunalen Allmenden zu Beginn des 19. Jahrhunderts weiter verstärkt. Diese Besitzstruktur mit einer Bearbeitung großer Landflächen durch Pächter mittels Lohnarbeit und einem verbleibenden Rest stark parzellierter Kleinbauernwirtschaften läßt sich als wichtige Ursache für die stark verbreitete Nebenbeschäftigung im Textilgewerbe anführen, die dann im Zuge der »Protoindustrialisierung« schnell zum Hauptgewerbe werden konnte. Trotz einer bedeutenden Ausdehnung der Agrarproduktion wurde Belgien zur Mitte des 19. Jahrhunderts dauerhaft zu einem Getreide- und Futtermittelimporteur. Die belgischen Bauern spezialisierten sich sehr früh auf den Anbau von Gemüse, zumal der Flachsanbau als Rohstoff für die Leinenindustrie nach deren Krise seit den 1840er Jahren deutlich an Bedeutung verlor.

Insgesamt war die belgische Landwirtschaft sicher nicht der Motor für die Industrialisierung des Landes, doch boten ihre Fortschritte eine Basis für die Modernisierung. Besitzstrukturen und Produktivitätsfortschritte ermöglichten eine leichte Abwanderung von Arbeitskräften, und die im europäischen Vergleich eher geringen Löhne erleichterten diesen Strukturwandel. Eine Agrarrevolution als Voraussetzung für eine folgende industrielle Revolution fand jedoch nicht statt.

Natürlich waren für den Erfolg der Industrialisierung auch *technische Neuerungen* von ausschlaggebender Bedeutung. Die Gleichsetzung von industrieller Revolution mit Dampf- und Spinnmaschine ist jedoch unzutreffend. Ein enger empirischer Zusammenhang zwischen Industrialisierung und technischer Entwicklung bleibt bis in die Gegenwart demnach unübersehbar. Dieser Zusammenhang ist aber weder eindeutig noch dominant. Bis heute erweist es sich daher als außerordentlich schwierig, die Wirkung von Wissenschaft und Technik operational zu erfassen, obwohl über deren Bedeutung für das Wirtschaftswachstum seit den Klassikern der Wirtschaftswissenschaften Einigkeit besteht. Die Behandlung des technischen Fortschritts als Residuum der makroökonomischen Produktionsfunktion offenbart dieses Dilemma: Der ungeklärte und offenbar so schwer zu erklärende Rest des Wirtschaftswachstums wird einfach dem technischen Fortschritt zugeschrieben.

Die Einführung neuer Produktionsmethoden während des Industrialisierungsprozesses war nicht nur abhängig von der Verfügbarkeit des »Wissens« um solche Neuerungen, sondern auch von den Möglichkeiten ihrer Nutzung. Daher empfiehlt es sich bei der empirischen Analyse technischer Neuerungen, zwischen dem Umfang des verfügbaren Wissens und seiner Umsetzung in der Produktion zu unterscheiden. Betrachtet man die frühe Industrialisierung in England, so fällt auf, daß der allgemeine Stand des Wissens und der Wissenschaft dort im Vergleich etwa mit Frankreich als relativ gering anzusetzen ist. Hier spielten Versuche, die aus den Notwendigkeiten der praktischen Produktion resultierten, eine weitaus größere Rolle als theoretische Wissensproduktion. Die Erfindung und Entwicklung von Spinnmaschinen in der Baumwollindustrie zum Beispiel kann als Antwort auf Disproportionalitäten in der Produktion und daraus resultierenden Engpässen beim traditionellen Spinnen interpretiert werden. Technischer Fortschritt erscheint daher weitaus stärker nachfragebezogen auf die Bedürfnisse der Industrie, als gemeinhin angenommen. Daneben fällt ebenfalls auf, daß die Industrialisierung nicht durch große, einmalige technische Innovationen entscheidend vorangebracht wurde, sondern zahlreiche kleine, stets aufs neue vorgenommene Verbesserungen bereits bekannter Verfahren eine weitaus größere Bedeutung hatten und zu einer optimalen Anpassung an die Bedingungen der Produktion führten. Auch die Entwicklung der Dampfmaschine durch *James Watt* gibt dafür ein anschauliches Beispiel. Entgegen einer weitverbreiteten Auffassung war diese Erfindung kein einmaliger Geniestreich, sondern stellte die Weiterentwicklung einer längst bekannten und benutzten Technologie dar, die durch jahrzehntelange Experimente und nur nach kostspieliger Unterstützung durch Industrielle schließlich ihren Weg in die Produktion fand.[32]

Für die technischen Fortschritte während der Industrialisierung Belgiens spielten aber weder die Gewinnung des Wissens, die Inventionen, noch die erstmalige Anwendung darauf aufbauender Produktionsverfahren, die Innovationen, eine überragende Rolle; es ging vielmehr um die Übertragung erprobter Verfahren, d. h. um die *Diffusion der neuen Technologien.* Hierbei ging Belgien allen europäischen Nationen erfolgreich voraus und nutzte die sogenannten englischen Technologien schon sehr früh. Bereits 1719 findet man die erste atmosphärische Dampfmaschine (Newcomenscher Bauart) im belgischen Steinkohlenbergbau. Wattsche Dampfmaschinen finden sich dort schon in der französischen Zeit, d. h. vor der Wende zum 19. Jahrhundert. Sie trugen wesentlich zur Verbreitung von Tiefbauschächten (bis 200 m Teufe im Hainaut und bis 350 m im Lütticher Revier) bei. Auch die Zentren der Eisenindustrie hatten sich bereits am Ende des 18. Jahrhunderts zu den Kohlenfeldern hin verlagert. Hier fanden bald die englischen Steinkohlentechnologien Verbreitung: 1821 wurde der erste Puddelofen in Betrieb gesetzt, und im gleichen Jahr wurde der erste Kokshochofen angeblasen. Ähnlich war es in der belgischen Textilindustrie, wo in der Baumwollindustrie die *spinning jenny* seit 1780 Verbreitung fand und der Übergang zur Fabrikindustrie schon 1798 gelang. Weitere Neuerungen fanden ebenfalls rasch Verbreitung, zum Beispiel 1803 die Ringspinnmaschine, und andere etablierte Gewerbezweige, wie die Kattundruckerei, wurden mittels neuer Verfahren schnell modernisiert. Die Mechanisierung der Produktionsverfahren und der Übergang zum Fabriksystem erfaßte auch die Wollindustrie, wo bereits 1795 Cockerillsche Maschinen Einzug hielten.

Insgesamt gelang der belgischen Industrie eine Adaption der modernen englischen Techniken sehr rasch. Ihre Anwendung blieb nicht auf wenige Unternehmen beschränkt, sondern fand sehr schnell weite Verbreitung. Bis Anfang der 1840er Jahre waren häufig allerdings noch englische Techniker nötig, um die neuen Techniken zu beherrschen, danach wurden sie von einheimischen Arbeitskräften ersetzt, die wiederum selbst später in weniger entwickelten Ländern zu gefragten Experten der neuen Technologien wurden. Bald kamen auch eigenständige belgische Erfindungen und Entwicklungen hinzu, so etwa in der Zink- und in der Glasindustrie, in der Belgien in Europa mit führend war, in der Kokereitechnik, wo ähnliches gelang, und auch in der chemischen Industrie, wo belgische Techniker ein neues Verfahren der Sodaherstellung entwickelten (Solvay-Verfahren, 1861).

Die Botschaft der Freihändler des 19. Jahrhunderts war: *Außenhandel* nützt allen! Schon *Adam Smith* und *David Ricardo* hatten darauf hingewiesen, daß Außenhandel kein »Nullsummenspiel« ist, d. h. daß nicht der Gewinn des einen der Verlust des anderen sein muß, sondern alle gleichzeitig an den Früchten der internationalen Arbeitsteilung teilhaben können. Allerdings setzt das internationale Wettbewerbsfähigkeit voraus, und daran schien es den Kritikern dieser Doktrin im 19. Jahrhundert zu mangeln. So forderte *Friedrich List* für Deutschland Schutzzölle gegenüber der übermächtigen englischen Konkurrenz.

Belgien, als ein relativ kleines Land, war in hohem Maße von Außenwirtschaftsbeziehungen abhängig. Dies wurde auch in dem beachtlichen Technologieimport aus England offenbar, der eine Basis für die industrielle Expansion des Landes bot. Durch die politischen Ereignisse und mehrmaligen Grenzveränderungen zwischen 1793 und 1830 mußte die belgische Wirtschaft ihre Außenwirtschaftsbeziehungen wiederholt neu ordnen. Protektionismus schien wegen der außenwirtschaftlichen Abhängigkeiten ein wenig lohnendes Ziel. Zudem stellten nach 1815 die Freihandelsinteressen der nördlichen Niederlande mit ihren Kolonien eine Barriere gegenüber hohen Schutzzöllen dar. Erst nach 1830 kam es daher zu erwähnenswerten Zöllen zum Schutz der belgischen Gewerbeproduktion. Ein besserer Weg schien der Abschluß von Handelsverträgen zu sein, der der Exportwirtschaft Vorteile verschaffen sollte, was wegen des Widerstands Englands aber erst 1844 mit dem Deutschen Zollverein und 1846 mit Frankreich gelang. Während der frühen Industrialisierungsphase waren daher die belgischen Produzenten weitgehend ungeschützt dem internationalen, sprich: englischen Wettbewerb ausgesetzt. Sie konnten sich dennoch erfolgreich behaupten. Nach 1850 wurde dann die Freihandelsdoktrin zum leitenden Prinzip der belgischen Zollpolitik.

Die belgischen Außenwirtschaftsbeziehungen wurde in der ersten Hälfte des 19. Jahrhunderts durch zahlreiche Importe geprägt. Getreide wurde als Nahrungsmittel für die Bevölkerung benötigt und Baumwolle als Rohstoff für die Industrie. Der Druck auf die Zahlungsbilanz des Landes wurde durch Kapitalimporte aus Frankreich, die überwiegend in die Kohlen- und Eisenindustrie gingen, sowie aus England, die dem Eisenbahnsystem zugeführt wurden, deutlich gemildert. Der Export von Industriewaren allein hätte ein Defizit kaum verhindert.

Staat und Unternehmer in der belgischen Industrialisierung

Eine reiche Ausstattung mit volkswirtschaftlichen Produktionsfaktoren generiert noch nicht automatisch Wachstum und Entwicklung. Es bedarf der Menschen, die diese Faktoren planvoll und effizient miteinander kombinieren, somit nützliche Dinge herstellen und Wege finden, diese an den Mann zu bringen. Gemeinhin weist man diese Funktionen den industriellen Unternehmern zu, deren erstmaliges Auftreten in der frühen Neuzeit und deren neuartige, am Gewinn orientierte Wirtschaftsgesinnung schon früh die Aufmerksamkeit der Forschung auf sich gezogen hat. Als Beispiele seien nur *Max Webers* berühmte Analyse des Zusammenhanges zwischen der protestantischen Ethik und dem Geist des Kapitalismus und *Werner Sombarts* sechsbändiges Werk über den modernen Kapitalismus genannt.

Nun sind es jedoch wiederum nicht private Unternehmer »per se«, die den Wirtschaftsprozeß organisieren, sondern sie bedienen sich dabei organisatorischer und institutioneller Arrangements, mit deren Hilfe sie die komplexen Probleme von Produktion, Absatz und Finanzierung zu meistern versuchen. Diese Organisationsformen und Institutionen sind sehr vielfältig und unterliegen einem ständigen Wandel. Waren es in der frühen Industrialisierung vor allem Einzelunternehmen, kontrolliert durch individuelle Unternehmerpersönlichkeiten, die mit eigenem Vermögen ausgestattet ihre Geschäfte betrieben, so gewannen aus unterschiedlichen Gründen schon bald anonyme Aktiengesellschaften, finanziert durch Banken und kontrolliert durch angestellte Manager, an Bedeutung. Auch hatten sich diese frühen Industrieunternehmen zunächst auf relativ unregulierten, »freien« Märkten zu behaupten, während später durch Wachstum, Konzentration und Kartellierungen sich die Wettbewerbsbedingungen entscheidend veränderten.

Überdies gewann der Staat stärkeren Einfluß auf den Gang der Wirtschaft, teilweise um negativen Konsequenzen der Industrialisierung Einhalt zu gebieten, teils aber auch um der der kapitalistischen Entwicklung eigentümlich innewohnenden tendenziellen Instabilität Herr zu werden und unterstützend und fördernd in den Wirtschaftskreislauf einzugreifen. Die Bedeutung des privaten Unternehmertums wie auch die Rolle des Staates für den Industrialisierungsprozeß stellen dabei zwei Forschungskomplexe ersten Ranges dar. Hierin hebt sich der Entwicklungsverlauf in Belgien offenbar entscheidend von dem seines Vorbildes England ab. Dort, jenseits des Kanals, wird dem Staat nur eine sehr untergeordnete Rolle für das Zustandekommen der industriellen Revolution zugeschrieben: Dem freien Unternehmertum kommt das Verdienst zu, die Wirtschaft aus den Fesseln der vorindustriellen Produktionsweise befreit zu haben. Hier, auf dem Kontinent, war das Bild ganz anders. Der »Staat« spielte eine wichtige Rolle für die kontinentaleuropäische Industrialisierung. Dieses ambivalente Verhältnis zwischen Staat und Unternehmertum soll nun am belgischen Beispiel knapp erläutert werden.

Wie in zahlreichen anderen Ländern Europas, so konnte auch die industrielle Unternehmerschaft Belgiens an bedeutende vorindustrielle Traditionen anknüpfen. Sie rekrutierten sich in beachtlichem Maße aus den vor- und nachgelagerten Gewerbezweigen. In Gent waren es die Kattundrucker, in Verviers die Tuchfabrikanten, in Charleroi ehemalige Hüttenmeister und Glasfabrikanten, in der Borinage Kohlenhändler und Bankiers, die sich den neuen Erwerbschancen in der Industrie zuwandten. Außerdem finden sich sektorale Eigenarten, so das starke Engagement der Textilindustriellen aus Verviers im Lütticher Kohlenbergbau und das Vorherrschen eher kleingewerblich vorgebildeter Techniker und Erfinder in der Metall- und Maschinenindustrie. Auch spielten familiäre Beziehungen eine große Rolle, ebenso wie der Zuzug unternehmerischer Talente aus dem Ausland. »Engeles gelukzoeker« [33] (englische Glückssucher) fanden ihren Weg nach Belgien ebenso wie zahlreiche französische Unternehmer, die als Unternehmensgründer und Kapitalgeber insbesondere vor 1815 eine große Rolle spielten.

In der Phase einer beschleunigten industriellen Expansion nach 1830, als die Banken einen wichtigen Einfluß auf die industrielle Entwicklung zu nehmen begannen und zahlreiche Aktiengesellschaften gegründet wurden, erwies sich der Zustrom französischen Kapitals erneut als segensreich. Mit dem Aufkommen der industriellen Aktiengesellschaften wandelte sich das Bild der belgischen Industrieunternehmen. Mehr und mehr gewannen diese durch angestellte Direktoren geleiteten Unternehmen an Bedeutung und ermöglichten Wachstum, Konzentration und Kartellierung, wovon zum Beispiel die Geschichte der *Vieille Montagne* als dem weltweit größten Zinkproduzenten seiner Zeit eindrucksvoll Zeugnis gibt.

Die Rolle des Staates in der belgischen Industrialisierung wird gemeinhin positiv gewürdigt. In der österreichischen Zeit vor 1794 war in dieser Region die steuerliche Belastung der gewerblichen Produktion eher geringer als in anderen europäischen Gewerbezentren, und es lassen sich Ansätze zur Gewerbeförderung und zum Abbau institutioneller Hemmnisse für eine gewerbliche Expansion beobachten. Auch erste Versuche zum Ausbau der Infrastruktur durch den Staat (Kanalbau) wurden unternommen. Nach Eingliederung in den französischen Staat schuf der neue große Binnenmarkt die besten Voraussetzungen für ein gewerbliches Wachstum. Auch die Einführung des *Code commerce* mit der Abschaffung der Zünfte und sonstiger Beschränkungen des Wirtschaftslebens sowie mit günstigen rechtlichen Regelungen für den Betrieb von Bergwerken und die Gründung von Aktiengesellschaften wirkte sich positiv aus. Die Kontinentalsperre hielt zudem die englische Konkurrenz fern, und die Nachfrage nach Kriegsgütern begünstigte insbesondere die belgischen Textil- und Eisengewerbe. Das Verkehrssystem (Kanäle und Straßen) wurde erweitert und Antwerpen nach Öffnung der Schelde für den Überseeverkehr von der französischen Regierung als Hafen planvoll ausgebaut.

Auch in der niederländischen Zeit zwischen 1815 und 1830 wurde eine aktive staatliche Gewerbeförderung weiterbetrieben, ja es läßt sich für die südlichen Niederlande sogar eine regelrechte Industriepolitik konstatieren. Diese zeigte sich etwa in der Gründung der *Nederlandschen Handelsmaatschapij*, die den Export der Genter Baumwollprodukte in die niederländischen Kolonien organisieren sollte, ebenso in der Gründung eines staatlichen Industriefonds zur Subventionierung technischer Innovationen in der Industrie wie in der Gründung der bereits erwähnten *Société Générale* als Aktienbank mit der Aufgabe der Industriefinanzierung. Der junge belgische Staat setzte nach 1830 diese gezielte Industrieförderung, verkoppelt mit dem Auf- und Ausbau der internen Infrastruktur, weiter fort. Der Kanalbau und die Schiffbarmachung von Flüssen wurden weiter vorangetrieben, doch zum Kernstück dieser Politik wurde das staatliche Eisenbahnbauprogramm, das zu jener Zeit in Europa einmalig war. Zwischen 1834 und 1843 wurde ein Netz fertiggestellt, das Belgien zu dem Land mit der dichtesten Verbreitung von Eisenbahnen auf dem Kontinent machte. Belgische Unternehmen wurden dabei soweit wie möglich mit staatlichen Aufträgen bedacht. Nach 1843 wurde das Eisenbahnsystem durch konzessionierte private Eisenbahngesellschaften ergänzt.

Auch die Konzessionierungspolitik des Staates im Bankenbereich war der industriellen Entwicklung durchaus förderlich. Nicht nur ermöglichte diese relativ früh die Gründung von Aktienbanken zur Industriefinanzierung, darüber hinaus stand der Staat den beiden konzessionierten Großbanken in den Krisen 1837/38 und 1848/49 helfend zur Seite und etablierte mit der staatlichen Notenbank 1851 einen wichtigen Stützpfeiler für ein modernes Bankensystem. Insgesamt hat also die aktive Wirtschaftspolitik des belgischen Staates die Bemühungen der privaten Unternehmer um einen industriellen Fortschritt unterstützt und mit zum modernisierungsfreundlichen, liberalen Klima des Landes in der ersten Hälfte des 19. Jahrhunderts beigetragen.

Die Industrialisierung Frankreichs:
Eine Enttäuschung?

Die nur zögerliche und zunächst unvollkommene Industrialisierung Frankreichs im 19. Jahrhundert bleibt ein Faktum, das bis heute zahlreiche Wirtschaftshistoriker zu Untersuchungen und Erklärungen angeregt hat. Die eher gemächliche Industrialisierung des Landes ist vor dem Hintergrund zu betrachten, daß Frankreich noch am Ende des 18. Jahrhunderts als das reichste und mächtigste Land Europas galt. Nur Rußland wies eine größere Einwohnerzahl auf, doch Frankreich verfügte im europäischen Vergleich über das größte Nationalvermögen, und seine Einwohner erzielten vermutlich das größte Volkseinkommen pro Kopf. Doch nur einhundert Jahre später hatte sich die Situation grundlegend gewandelt: Frankreich hatte die ökonomische Führungsposition verloren, und Großbritannien als »Werkstatt der Welt« dominierte die internationalen Märkte, während die USA und Deutschland dabei waren, eine gleichermaßen bedeutsame Position zu erlangen und dabei Frankreich überflügelten. Dieses relative Zurückbleiben der französischen Wirtschaft im 19. Jahrhundert wird von zahlreichen Forschern als enttäuschend interpretiert.

Eine eher negative Bewertung der mühsamen Industrialisierung Frankreichs in diesem Zeitraum ergibt sich aus einem unmittelbaren Vergleich mit der Dynamik und dem Tempo der Industriellen Revolution in Großbritannien, wobei festzuhalten bleibt, daß bei genauerem Hinsehen auch hier zahlreiche Elemente einer weniger dramatischen, kontinuierlichen Entwicklung sichtbar werden. Auch die rapide Industrialisierung Preußen-Deutschlands seit der Mitte des 19. Jahrhunderts scheint mit der eher zögerlichen Entwicklung Frankreichs zu kontrastieren. Die aggregierten Daten der französischen Wirtschaft im 19. Jahrhundert suggerieren, daß Frankreich tatsächlich auf einem ähnlich hohen Wohlfahrtsniveau wie England in das 19. Jahrhundert eintrat, dann aber deutlich in der wirtschaftlichen Entwicklung zurückblieb. Gegenüber Preußen-Deutschland zeigte sich zu Beginn des Jahrhunderts ein beachtlicher Wohlfahrtsvorsprung, der sich im Laufe des Jahrhunderts deutlich verminderte und schließlich an dessen Ende sogar in einen Rückstand umgekehrt wurde. Obwohl eine derartige aggregierte Sichtweise wichtige regionale und sektorale Differenzen vernachlässigt und die Zufälle veränderter Grenzziehungen, zum Beispiel den Verlust Elsaß-Lothringens an Deutschland nach 1871, nicht in Betracht zieht, bleibt das Faktum einer generellen Veränderung der internationalen wirtschaftlichen Position Frankreichs im 19. Jahrhundert erklärungsbedürftig.

Die negative Einschätzung der französischen Wirtschaftsentwicklung im 19. Jahrhundert wird jedoch nicht von allen Forschern geteilt. *Richard Roehl* hat z. B. darauf hingewiesen, daß das französische Pro-Kopf-Einkommen während des 19. Jahrhunderts niemals wesentlich unter dem Großbritanniens gelegen habe. Vielmehr sei Frankreich, ähnlich wie England, als ein Pionier der industriellen Entwicklung anzusehen. Bereits recht früh, zur Mitte des 18. Jahrhunderts, habe es mit einem bemerkenswerten und lang anhaltenden Wirtschaftsaufschwung begonnen und durch eine seitdem durchgehaltene stetige und allmähliche Entwicklung die mit der Industrialisierung verbundenen sozialen Kosten minimiert. Großbritannien hingegen habe dieser frühen Entwicklung später folgen müssen bzw. folgen wollen und war daher gezwungen, mit hastigen Bemühungen den französischen Vorsprung aufzuholen und hohe soziale Kosten in Kauf zu nehmen. In diese Linie fügen sich auch Ergebnisse, die *Patrick O'Brien* und *Calgar Keyder* in ihrer Studie über das Wirtschaftswachstum in Frankreich und Großbritannien zwischen 1780 und 1840 gewonnen haben. Sie sehen beide Länder eher im Gleichschritt, doch auf unterschiedlichen Wegen voranschreiten. Die französische Industrialisierung habe sich demnach mehr auf die Entwicklung des Agrarsektors, der Verbrauchsgüterproduktion und auf kleinere Produktionseinheiten gestützt, während in Großbritannien die Entfaltung eines Fabriksystems zur Herstellung von Textilien, Maschinen und montanindustriellen Produkten im Zentrum gestanden habe. Berücksichtigt man überdies das unterschiedliche Bevölkerungswachstum in beiden Ländern, so kann man schließlich folgern, daß Großbritannien wegen seiner enorm steigenden Bevölkerungszahl zu großen Anstrengungen gezwungen war, um überhaupt das allgemeine Lebensniveau stabil halten zu können, während Frankreich bei stagnierender Bevölkerungszahl dies ohne große Mühe habe bewerkstelligen können. *Maurice Lévy-Leboyer* erkennt in der unterschiedlichen Ausstattung Frankreichs und Großbritanniens geradezu eine Notwendigkeit zu unterschiedlichen Entwicklungswegen. Nicht den unbestreitbaren Vorsprung Großbritanniens bei der Produktion von Investitionsgütern und industriellen Zwischenprodukten galt es für Frankreich wettzumachen, sondern es mußte den eigenen Vorteil bei der Herstellung arbeitsintensiver Verbrauchsgüter nutzen – was schließlich weitgehend auch gelang.

Das Wachstum der französischen Wirtschaft im 19. Jahrhundert

Über die Höhe des französischen Sozialprodukts und seine Hauptkomponenten liegen für das 19. Jahrhundert eine ganze Reihe von Schätzungen vor, die in Tabelle 7 zusammengefaßt sind.

Tabelle 7: Das Sozialprodukt Frankreichs 1820–1910
(in Mrd. Francs) [34]

Jahr	J. Mayer (1949)	A. Sauvy (1954)	F. Perroux (1955)	T. Markovitch u. J. Toutain (1966)
1820	8,1	7,9	8,7	10,0
1840	9,2	10,0	11,9	14,0
1860	15,5	15,2	19,4	21,4
1880	21,5	22,4	26,4	25,7
1900	25,7	26,3	30,2	28,1
1910	33,6	33,2	38,2	36,4

So unterschiedlich diese verschiedenen Zahlenreihen auf den ersten Blick auch erscheinen mögen, sie beschreiben doch eine konsistente Entwicklung. Demnach läßt sich seit etwa 1820, mit Ausnahme der Krise 1847/48, ein beschleunigtes Wachstum des Sozialproduktes bis zum Ende der 1850er Jahre beobachten. Danach macht sich eine etwa dreißigjährige Stagnationsphase bemerkbar, die um 1890 überwunden war und dann erneut in eine Phase beschleunigten Wachstums überging. *Maurice Lévy-Leboyer* und *F. Bourguignon* benutzen diese Daten zu einer groben Periodisierung der französischen Wirtschaftsentwicklung im 19. Jahrhundert. Sie unterscheiden eine Phase beschleunigter Wirtschaftsentwicklung zwischen 1820 und 1859, die von einer Stagnationsphase zwischen 1860 und 1886 abgelöst wird und der zwischen 1887 und 1913 erneut eine bemerkenswerte Wachstumsphase folgt.

Als Erklärung für die Wachstumsverzögerung der französischen Wirtschaft nach 1859 weisen die beiden genannten Autoren zunächst auf den Einfluß der deutlich gestiegenen Löhne hin. Diese haben zu einer Umverteilung der Einkommen zugunsten der unteren Schichten geführt, was vor allem zur Ausdehnung des Nahrungsmittelkonsums genutzt wurde. Dadurch kam es zur Nachfragesteigerung nach landwirtschaftlichen Produkten, während die Industrieproduktion nicht entscheidend gefördert wurde. Als zweite Ursache der Wachstumsverzögerung wird angeführt, daß auch der Export keine Entlastung für die französische Industrieproduktion bringen konnte, weil während dieses Zeitraumes der Übergang Frankreichs vom Protektionismus zum Freihandel erfolgte und die Wettbewerbsfähigkeit der französischen Industrie längst noch nicht in vollem Umfang gewährleistet war.

Schaut man jedoch auf die durchschnittlichen Wachstumsraten der französischen Wirtschaft (Tab. 8), so erweist sich die vorgeschlagene Periodisierung als nicht ganz unproblematisch.

Tabelle 8: Wachstumsraten der französischen Wirtschaft
1826/46–1900/13 (in %) [35]

Zeitraum	Land-wirtschaft	Nicht-landwirtschaftl. Sektor		Brutto-sozial-produkt	Investitions-quote (Niveau in %)
1826–46	0,7	1,8	1,6	1,3	8,1
1846–56	1,1	2,0	2,3	2,0	8,2
1856–66	2,5	1,3	1,3	1,6	7,4
1866–75	2,0	1,3	1,5	1,7	5,4
1875–82	–0,7	2,6	3,1	2,0	9,1
1882–92	0,2	0,8	1,0	0,8	6,4
1892–1900	2,4	1,4	1,9	2,1	8,2
1900–13	0,4	2,5	2,2	1,7	8,8

Zwischen 1848 und 1871 sank die industrielle Wachstumsrate, nicht die gesamtwirtschaftliche, in Frankreich deutlich ab (von 1,94 % auf 1,52 %), während die Wachstumsrate des Volkseinkommens insgesamt bemerkenswert anstieg (von 1,43 % auf 2,51 %). Diese gegenläufige Entwicklung kehrte sich nach 1871 wieder um: Jetzt wuchs die Industrie wiederum stärker als die Gesamtwirtschaft. Auch institutionelle Rahmenbedingungen haben für den Wachstumspfad der französischen Wirtschaft im 19. Jahrhundert offenbar eine Rolle gespielt: Die Gründung des Zweiten Kaiserreiches und die Dritte Republik blieben nicht ohne Wirkung auf die wirtschaftliche Entwicklung. Sowohl in den volkswirtschaftlichen Hauptsektoren als auch im Aggregat zeigt sich im 19. Jahrhundert in der französischen Wirtschaft wenig Stabilität.

Die gesamtwirtschaftliche Kapitalbildung verharrt ebenfalls lange unter dem nach *Rostow*[36] kritischen Niveau von 10 %. Dieser Befund spricht gegen die Existenz einer plötzlichen Wachstumsbeschleunigung in Frankreich in der ersten Hälfte des 19. Jahrhunderts im Sinne eines *Take Off*. *Jean Marczewski* ist dieser Frage nachgegangen und kommt zu den in Tabelle 9 aufgelisteten Schätzungen.

Tabelle 9: Gesamtwirtschaftliche Investitionsquote in Frankreich
1788–1833 bis 1902/03–1912 (in %) [37]

Zeitraum	Nettokapitalbildung in % des Sozialprodukts (Jahresdurchschnitte)
1788–1833	3,0
1839–1852	8,0
1852–1880	12,1
1880–1892	12,9
1892–1902/03	12,4
1902/03–1912	12,2

Als Ergebnis zeichnet sich eine deutliche Steigerung der gesamtwirtschaftlichen Investitionsquote in der französischen Wirtschaft
erst in der zweiten Hälfte des 19. Jahrhunderts ab. Dieses Faktum
widerspricht der Erwartung *Rostows*, der einen *Take Off* in
Frankreich bereits in den 1830er Jahren annimmt. Andere Schätzungen der Kapitalbildung kommen zu einem noch zurückhalten-
deren Bild. Danach verharrt die gesamtwirtschaftliche Investitionsquote während des gesamten 19. Jahrhunderts unter dem
kritischen Niveau von 10 %, das sie allein 1875/82 mit 9,1 %
streift und das sich sonst regelmäßig zwischen 6 und 8 % bewegt.
Diese Daten beruhen auf Schätzungen bezüglich Investitionen von
Kapitalgesellschaften, die in früheren Jahren jedoch nur eine untergeordnete Rolle gespielt haben und daher allenfalls die früheren, nicht aber die späteren Jahre des 19. Jahrhunderts unterschät-
zen. Alles spricht also für eine nur begrenzte Kapitalbildung der
französischen Wirtschaft im 19. Jahrhundert.

Die Struktur der französischen Wirtschaft im 19. Jahrhundert

Natürlich entwickelte sich im 19. Jahrhundert auch in Frankreich das Gewerbe zu einem bedeutenden Sektor der Volkswirtschaft, doch es gelang ihm erst relativ spät, am Ende des Jahrhunderts, die Landwirtschaft in ihrer Bedeutung für Wertschöpfung und Beschäftigung zu überrunden (Tab. 10). Erst zu Beginn des 20. Jahrhunderts überstieg die gewerbliche Produktion die der Landwirtschaft. Bis dahin prägte ein ungefährer Gleichstand zwischen Landwirtschaft und Gewerbe das Bild, in gänzlicher Übereinstimmung also mit dem eingangs skizzierten Bild einer nur zögerlichen Industrialisierung Frankreichs im 19. Jahrhundert.

Tabelle 10: Sektorale Verteilung
des französischen Sozialprodukts 1820–1913 (in %)[38]

Jahr	Land-wirtschaft	Gewerbe	Bau-gewerbe	Dienst-leistungen
1820	45,7	28,7	8,9	16,7
1860	38,8	28,4	9,2	23,6
1872	41,3	25,7	7,2	25,7
1882	38,0	27,0	8,7	26,3
1890	35,1	29,9	7,1	27,9
1913	30,7	35,3	6,2	27,9

Betrachtet man den industriellen Sektor der französischen Wirtschaft allein, so lassen sich nach *Jean Marczewski* folgende vier Phasen der Entwicklung voneinander unterscheiden. Beginnend etwa um 1850, ist ein erster Schub des industriellen Wachstums zu beobachten, getragen vor allem von einer Expansion der Textil- und Montanindustrie, mit jährlichen Wachstumsraten innerhalb dieses Sektors von ca. 2,5 % (1815/24 bis 1845/54). Dieses recht bemerkenswerte Wachstum setzt sich in den beiden Dekaden zwischen 1860 und 1880 weiter fort, nun allerdings getragen durch den Eisenbahnbau. Danach hatte der französische Industriesektor eine Stagnationsphase durchzustehen, die vor allem auf sinkende Agrareinkommen und zunehmende ausländische Konkurrenz auf den Exportmärkten zurückzuführen war. Erst nach der Wende zum zwanzigsten Jahrhundert findet sich die französische Industrie dann wieder auf Expansionskurs.

Dieses zwar bemerkenswerte, im Vergleich jedoch moderate Industriewachstum stützte sich, wie angedeutet, nicht auf die dramatische Expansion eines oder weniger Führungssektoren, sondern auf die Expansion einer ganzen Reihe wichtiger Industriebereiche. Ein genauerer Einblick in die Struktur des französischen Gewerbes offenbart, daß es im 19. Jahrhundert zwar eine ganze Reihe stark wachsender Industriebranchen in Frankreich gegeben hat, daß deren gesamtwirtschaftliche Bedeutung jedoch vergleichsweise gering geblieben ist, so daß ein eindeutiger Führungssektor nicht zu identifizieren war. In der Frühphase der Entwicklung verzeichnet vor allem die Baumwollindustrie mit 5,1 % (1781/90−1803/12) eine Wachstumsrate, die deutlich über der der Industrie von knapp 2,0 % lag, doch ihr Anteil von ca. 14 % an der industriellen Wertschöpfung und ihr wesentlich geringerer Anteil an der gesamtwirtschaftlichen Wertschöpfung (vermutlich weniger als 2 %) war zu gering, um die notwendigen Ausbreitungseffekte eines Führungssektors zu gewährleisten. Nach 1825/34 trat dann die Eisenindustrie als ein Industriesektor mit deutlich überdurchschnittlichem Wachstum neben die Baumwollindustrie; im gesamtwirtschaftlichen Rahmen jedoch erreichte auch dieser Sektor keine führende Stellung. Gleiches läßt sich später für eine Reihe weiterer Branchen behaupten, so für die Chemie, die nach 1835/44 ebenfalls beachtlich zu wachsen begann, ohne jedoch entscheidende gesamtwirtschaftliche Bedeutung zu erlangen.

Für die Zeit vor 1850 ist daher in der französischen Wirtschaft kein Führungssektor auszumachen. Auch die in Tabelle 11 angeführten Wachstumsraten der Gesamtproduktion, des Sozialprodukts und der Industrieproduktion lassen einen abrupten, plötzlichen Anstieg nicht erkennen, so daß ein gesamtwirtschaftlicher *Take Off*, wie er von *Rostow* für Frankreich in den Jahren 1830 bis 1860 angenommen wurde, aus diesen Daten nicht erkennbar wird. Dagegen spricht außerdem, daß die gesamtwirtschaftliche Investitionsquote im gesamten 19. Jahrhundert unter der kritischen Schwelle von 10 % verharrt. Es muß vermutet werden, daß die französische Wirtschaft im 19. Jahrhundert tatsächlich ein langsameres, graduelleres, ausgewogeneres Wachstum erlebt hat als z. B. Belgien und Deutschland.

Tabelle 11: Wachstumsraten und Kapitalbildung in Frankreich 1826–1913 [39]

Wachstumsraten (p. a. in %)

Zeit-raum	der Land-wirtschaft	insge-samt	des Sektors Industrie	des Sozial-produkts	des Kapital-stocks	Investiti-onsquote (in %)
1826–46	0,7	1,6	1,8	1,3	2,0	8,1
1846–56	1,1	2,3	2,0	2,0	2,0	8,2
1856–66	2,5	1,3	1,3	1,6	1,1	7,4
1866–75	2,0	1,5	1,3	1,7	1,0	5,4
1875–82	−0,7	3,1	2,6	2,0	4,9	9,1
1882–92	0,2	1,0	0,8	0,8	−1,3	6,4
1889–1900	2,4	1,9	1,4	2,1	2,2	8,2
1900–13	0,4	2,2	2,5	1,7	2,5	8,8

Gleichwohl erscheint es zum Verständnis der französischen Industrialisierung hilfreich, einen Blick auf die Entwicklung der verschiedenen Zweige der Industrie zu werfen. Es finden sich erneut unterschiedliche Schätzungen über den Umfang der einzelnen Industriezweige und ihre Entwicklung, die zum Teil zweifelhaft erscheinen müssen, insgesamt aber ein konsistentes und mit der vorausgehenden Skizze übereinstimmendes Bild der Entwicklung geben. Auch diese Daten zeigen erst von den 1830er Jahren an eine bemerkenswerte Expansion des industriellen Sektors, die wegen des niedrigen Ausgangsniveaus mit beachtlich frühen Wachstumsraten einherging.

Die *Textilindustrie* hatte von Beginn an eine zentrale Stellung innerhalb der französischen Industrialisierung. Insbesondere die Baumwollindustrie erwies sich abermals als ein Motor der Mechanisierung und des Wachstums. Mit dem Ende der Schutzzollpolitik geriet diese Branche nach 1860 allerdings unter den Druck der mächtigen ausländischen Konkurrenz, dem viele kleinere Produzenten zum Opfer fielen. Bei der Verarbeitung anderer Textilfasern setzte die Mechanisierung der Produktion wesentlich später ein als in der Baumwollindustrie, zumeist erst deutlich nach der Jahrhundertmitte. Es fehlte an einer ausreichenden Nachfrage, die einen solchen Schritt schon eher gerechtfertigt hätte, so daß die traditionellen heimgewerblichen Produktionsformen noch lange hinreichten, die begrenzte Nachfrage zu befriedigen. Zudem wirkte die bis 1815 bestehende Kontinentalsperre und dann die bis 1860 verfolgte Schutzzollpolitik des Landes konservierend auf die heimische Textilproduktion. Allein der Seidenindustrie gelang es nach 1860, ihre internationale Stellung zu festigen, weil hier neue Technologien zur Anwendung gelangten, während die übrigen Teile der rückständigen französischen Textilindustrie, zu denen nun auch die Baumwollindustrie zu zählen war, der internationalen Konkurrenz weichen mußten.

Der französische *Kohlenbergbau* erlebte in Frankreich im 19. Jahrhundert ebenfalls einen deutlichen Aufschwung. Im Norden wie auch in der Mitte Frankreichs gab es reiche Steinkohlenvorkommen, die bereits zu Beginn des 19. Jahrhunderts bekannt und aufgeschlossen waren. Nach 1846 kam die Förderung im Pas de Calais hinzu, doch trotz großer Anstrengung reichte die Förderung aller französischen Reviere niemals aus, die expandierende französische Steinkohlennachfrage gänzlich zu befriedigen: Während des gesamten 19. Jahrhunderts mußten zwischen 25 und 45 % des heimischen Verbrauchs importiert werden. Die relativ ungünstigen Abbaubedingungen und die daraus resultierenden hohen Förderkosten sowie die Absatzferne der französischen Reviere, die zu hohen Transportkosten führte, trugen nicht unwesentlich dazu bei, daß die hohen Preise der französischen Kohle eine Begrenzung des Absatzgebietes bewirkten, ausländischen Anbietern Chancen auf dem französischen Markt boten und einen

Export gänzlich unmöglich machten. Hinzu kam, daß bestimmte Kohlequalitäten, so vor allem die für die Eisenverhüttung bedeutsamen Fettkohlen, gar nicht vorkamen und ihr Import unabdingbar blieb. Insgesamt hatte die unzureichende Versorgung der französischen Industrie mit heimischen Brennstoffen zweifellos eine negative Auswirkung auf die französische Industrialisierung.

Am Ende des Ancien Régime zeigte die traditionelle französische *Eisenindustrie* keine Zentralisierungstendenzen, sondern sie war über das ganze Land verteilt. Eisen wurde in kleinen Familienbetrieben erschmolzen und verarbeitet, Holzreichtum, Wasserkraft und Eisenerzlagerstätten wirkten als bestimmende Standortfaktoren. Bis zur Jahrhundertmitte konnte sich im 19. Jahrhundert trotz aller frühen Versuche und Bemühungen eine moderne Eisenindustrie in Frankreich nirgendwo erfolgreich durchsetzen. Allein auf der zweiten Stufe der Eisenindustrie, auf der Ebene der Roheisenverarbeitung, konnten sich bis dahin an einigen Stellen Puddel- und Walzwerke etablieren. Erst die steigende Nachfrage nach Eisenprodukten im Zusammenhang mit dem *Eisenbahnbau* seit der Mitte des Jahrhunderts schuf die Voraussetzungen für den Aufschwung der modernisierten Eisenindustrie. Doch der Eisenbahnbau wurde zunächst nur sehr zögerlich in Angriff genommen und stieß auf teilweise recht heftigen Widerstand in der Öffentlichkeit. Vor 1850 gab es lediglich einige wenige kleine Bahnen, die vor allem dem Transport von Kohle von den Förderpunkten zu den Ladepunkten an Flüssen und Kanälen dienten. Erst zwischen 1852 und 1860 wurden die Hauptstrecken des Eisenbahnsystems zwischen der Hauptstadt und der Küste bzw. den Landesgrenzen in Angriff genommen. Bis 1860 waren ca. 9000 Streckenkilometer in Betrieb, und im folgenden Jahrzehnt verdoppelte sich das Netz ungefähr bis auf 17 500 km.

Neben der Integration des französischen Binnenmarktes durch den Auf- und Ausbau des Eisenbahnsystems war die Expansion der Nachfrage dieses Sektors nach Eisenprodukten und Brennstoffen entscheidend für den Fortgang der französischen Industrialisierung. Insbesondere in der Stagnationsphase der 1860er Jahre erwiesen sich die Investitionen im Eisenbahnbau als wichtiger Stabilisator der Industriekonjunktur. Dieser Impuls verlor jedoch spätestens in den 1880er Jahren an Wirkung, so daß sich die französische Eisenindustrie nach neuen Absatzmärkten umschauen mußte. Interne Anpassungen wurden nötig, und die Konzentration innerhalb der Unternehmen der Schwerindustrie sowie die Auffächerung der Produktionspalette waren die Folge. Auf diese Weise konnte die französische Eisenindustrie ihre erfolgreiche Expansion fortsetzen, und sie erreichte innerhalb des französischen Industriesektors die führende Position, die sie bis zum Ersten Weltkrieg behaupten konnte.

Wie in den anderen europäischen Ländern zeigte sich in der französischen Wirtschaft ebenfalls eine deutliche regionale Differenzierung.[40] Der Norden und der Osten Frankreichs wurden zuerst von der beginnenden Industrialisierung berührt. Hier fanden sich sowohl die Zentren der frühen Textil- wie auch der späteren Schwerindustrie. Als entscheidend für die Regionalstruktur der französischen Industrie erwies sich der Zugang zu Ressourcen und Absatzmärkten. Während der Norden, die Kohlenreviere in Zentralfrankreich, die Hauptstadt und im Osten das Elsaß schon zur Mitte des Jahrhunderts deutlich durch die Industrie geprägt waren, blieben der Westen und der Süden Frankreichs bis zum Ende des Jahrhunderts weitestgehend von der Landwirtschaft beherrscht.

Retardierende und treibende Kräfte der französischen Industrialisierung

Das System produktiver Faktoren, das Frankreich zur Förderung seiner wirtschaftlichen Entwicklung im 19. Jahrhundert zur Verfügung gestanden hat, kann nicht sehr viel anders als das in England und in Belgien ausgesehen haben. Warum der Industrialisierungsverlauf dort dennoch ganz anders war, bedarf also der Erklärung. Land und Leute, Technologien, Kapital und internationale Kontakte standen der französischen Wirtschaft zur Verfügung oder hätten sich, wie anderenorts auch, leicht mobilisieren lassen. Offenbar waren aber die Rahmenbedingungen der Wirtschaft in

Frankreich anders als in Großbritannien, Belgien und anderen europäischen Staaten, so daß sich dort ein neues Muster der Industrialisierung herausbildete.

Die Rahmenbedingungen der ökonomischen Entwicklung lassen sich unter den Begriff »Institutionen« subsumieren. Gerade in der neueren wirtschaftswissenschaftlichen wie wirtschaftshistorischen Diskussion werden Fragen der institutionellen Bedingungen und des institutionellen Wandels zunehmend in den Mittelpunkt gerückt. »Institutions do matter!« klingt es mittlerweile in weitem Chor, und eine gänzlich neue Forschungsrichtung der »Neuen Institutionen-Ökonomik« hat sich in den letzten Jahren weltweit etabliert. »Neu« bedeutet natürlich, daß es eine längere »ältere« Tradition in dieser Richtung gab und gibt. Hier sind insbesondere die Historische Schule der deutschen Nationalökonomie und ihre Vertreter zu nennen. Diese Denkrichtung hatte sich bekanntlich im 19. Jahrhundert als Kritik an den Modellannahmen der klassischen, angelsächsischen, liberalen Ökonomie in Deutschland entwickeln und entfalten können. Sie setzte der abstrakten Denkfigur des Homo oeconomicus wirklichkeitsnähere Determinanten ökonomischen Handelns, wie Sitte, Brauchtum, Gewohnheit, Volkstum oder Rechtstradition, kurz: Institutionen, entgegen. Diese Institutionen wurden von den Vertretern der Historischen Schule als viel bedeutsamer für die Erklärung der beobachtbaren ökonomischen Sachverhalte angesehen als die Nutzenmaximierung individueller Wirtschaftssubjekte, der Individuen.

Deshalb haben sich gerade die Vertreter der jüngeren Historischen Schule der deutschen Nationalökonomie sehr intensiv mit institutionellen Arrangements beschäftigt. *Gustav Schmoller*, als ihr prominentester Repräsentant, hat z. B. die Institution zur Regulierung gesellschaftlicher Erscheinungen und der sozialen Ungleichheit geradezu in das Zentrum seines Werkes gerückt. »Das Eigentumsrecht ist der Inbegriff von rechtlichen Regeln, welche Nutzungsbefugnisse und -verbote der Personen und sozialen Organe untereinander in bezug auf die materiellen Rechte der Außenwelt festsetzen.«[41] Diese Feststellung Schmollers könnte ebenso von den Vertretern des Property Right-Ansatzes, als einem Teil der modernen Institutionen-Ökonomik, stammen.

Seit dem Ende des 19. Jahrhunderts entfaltete sich die – von der deutschen Historischen Schule beeinflußte – Schule der amerikanischen Institutionalisten, die ebenfalls zu den Wurzeln der Neuen Institutionen-Ökonomik zu zählen ist. Kennzeichnend für diesen Ansatz ist vor allem die Übertragung von institutionellen Bedingungen menschlichen Handelns von der Ökonomie auf andere Bereiche der Gesellschaft und ihrer Wissenschaften (Psychologie, Soziologie, Anthropologie).

Der institutionelle Ansatz kann seine wissenschaftliche Produktivität dadurch entfalten, daß er die in der klassischen Ökonomie vollzogene Einengung der ökonomischen Analyse auf Mengen und Preise überwindet und die Beziehungen zwischen Gütern, Werten und Individuen wieder in den Mittelpunkt rückt. Die Ausgestaltung der Beziehungen zwischen Gütern und Individuen sowie unter den Individuen selbst erfolgt durch gesellschaftliche Arrangements, die man als Institutionen bezeichnen kann. Solche Institutionen entstehen nicht von selbst, sondern ihr Auf- und Ausbau sowie ihre Aufrechterhaltung erscheinen als ein mühseliger und kostspieliger Prozeß. Diese Kosten bezeichnet man als Transformationskosten, die innerhalb historischer sozialer Gebilde auf sehr unterschiedliche Weise aufgebracht und verteilt wurden und werden.

Für die Ökonomie und damit für die wirtschaftliche Entwicklung allgemein und für die Industrialisierung im besonderen ist es natürlich von ausschlaggebender Bedeutung, daß diese institutionellen Arrangements möglichst effizient, d. h. ökonomisch rational gestaltet werden. Hier liefert die Wirtschaftsgeschichte reichliches Anschauungsmaterial über die Rationalität der Nutzung ökonomischer Ressourcen und die Kosten des institutionellen Wandels. Die Neudefinition ökonomischer Verfügungsrechte und die Veränderung institutioneller Arrangements in der Gesellschaft spielt gerade für das Aufkommen industrieller Wirtschaftsformen eine große, wenn nicht die überragende Rolle.

Vom Niedergang ländlicher Subsistenzwirtschaften über das Entstehen von Lohnarbeit und fabrikindustriellen Produktionsformen bis hin zu innerfamiliären Veränderungen des Reproduktionsverhaltens finden sich unzählige Beispiele für die Bedeutsamkeit der Veränderungen in den Institutionen einer Gesellschaft. Und genau dies mag auch eine Erklärung dafür bieten, warum in Frankreich die Industrialisierung einen anderen Weg nahm als in zahlreichen anderen europäischen Ländern. Es gilt also, im folgenden die besonderen institutionellen Bedingungen der französischen Gesellschaft des 19. Jahrhunderts ein wenig genauer in den Blick zu nehmen.

Ein erster Blick auf die *Landwirtschaft* lehrt, daß hier die feudalen Besitzstrukturen bereits vor der Französischen Revolution so weit untergraben waren, daß der Grundbesitz am Ende des 18. Jahrhunderts weitestgehend in kleine Bauernwirtschaften zersplittert war. Das Aufbegehren des französischen Adels am Vorabend der Revolution konnte diese Entwicklung nicht mehr aufhalten oder gar umkehren. Waren die Bauern bereits vor der Revolution *de facto* Eigentümer von Grund und Boden, so wurden sie es durch die Revolution auch *de jure*: Sie befreite die französischen Bauern ohne jede Entschädigungen von allen Feudallasten und machte sie zu rechtlichen Eigentümern des Bodens, den sie bislang ohnehin bebaut hatten. Nur wenige besitzlose Landbewohner sahen sich gezwungen, auf den größeren Bauerngütern nach Lohnarbeit Ausschau zu halten. Eine massenhafte Abwanderung vom Land in die Städte oder in die neuen industriellen Ballungszentren erfolgte im frühen 19. Jahrhundert daher nicht.

Folge dieser Situation war eine bemerkenswerte Stabilität der weiterhin ländlich geprägten französischen Gesellschaft im 19. Jahrhundert. Der Preis dieser Entwicklung lag in der im Vergleich zu anderen europäischen Staaten geringen Produktivität der Landwirtschaft. Die Schutzzollpolitik der französischen Regierungen verminderte ebenfalls den Zwang zur Anpassung an die internationale Konkurrenz und bewirkte, daß weiterhin an den veralteten landwirtschaftlichen Produktionsweisen festgehalten werden konnte. Unter diesen besonderen Bedingungen erlebte die französische Landwirtschaft in der ersten Hälfte des 19. Jahrhunderts, sehr im Unterschied zu den Verhältnissen in den übrigen europäischen Staaten, eine Zeit der Prosperität trotz geringer Produktivität, weil die hohen Agrarpreise gute Einkommen erbrachten. Die

Kosten dieser Entwicklung hatten die Produzenten der übrigen Sektoren und die Verbraucher allgemein zu tragen. Sie waren mit hohen Agrarpreisen, hohen Lebenshaltungskosten und folglich hohen Lohnkosten konfrontiert, so daß insgesamt die prosperierende französische Landwirtschaft die Industrialisierung des Landes eher behindert hat. Erst in den 1880er Jahren kehrte sich die Situation um, und die französische Landwirtschaft reihte sich in die allgemeine europäische Entwicklung der schrumpfenden Bedeutung des landwirtschaftlichen Sektors ein. Noch bis in die 1870er Jahre hatte nämlich die sektorale Beschäftigung nicht nur absolut, wie in zahlreichen anderen europäischen Ländern auch, sondern bemerkenswerterweise auch relativ zugenommen (Tab. 10).

Die beachtliche Stabilität des ländlichen Frankreichs äußerte sich ebenfalls in seiner Bevölkerungsentwicklung. Seine Bevölkerungszahl zu Beginn des 18. Jahrhunderts läßt sich auf etwa 18 Millionen Personen schätzen, und die Zahl erhöhte sich bis zum Vorabend der Französischen Revolution um etwa 40 % bis auf circa 25 Millionen Personen. Die erste Bevölkerungszählung in Frankreich ermittelte dann für 1801 etwa 27 Millionen Einwohner. Insgesamt wuchs die französische Bevölkerung im Vergleich zu der anderer europäischer Nationen relativ schwach, und dieses mäßige Bevölkerungswachstum hielt auch im 19. Jahrhundert an.

Zwischen 1800 und 1815 lag die jährliche Zunahme der Bevölkerung in Frankreich im Durchschnitt gar nur bei 0,27 %, und auch der darauf folgende stärkere Anstieg blieb mit einer Rate von 0,59 % pro Jahr eher bescheiden. Zur Mitte des Jahrhunderts, von 1845 bis 1872, stagnierte die französische Bevölkerung mit einer durchschnittlichen jährlichen Wachstumsrate von 0,2 % nahezu, eine Situation, die bis 1913 bestehen blieb (1876–1913: 0,17 %). Eine wesentliche Ursache dieses geringen Bevölkerungswachstums kann in der ländlichen Besitzstruktur vermutet werden. Die Bauernfamilien sahen sich genötigt, wegen der sehr begrenzten Subsistenzmöglichkeiten auf den kleinen Bauerngütern die Familienzahl einzuschränken. Möglichkeiten zur Erzielung zusätzlichen Einkommens waren auf dem Lande kaum gegeben.

Ein derartig schwach ausgeprägtes Bevölkerungswachstum

hatte naturgemäß in mehrfacher Weise negative Effekte auf die französische Wirtschaft. Nicht nur fehlte eine deutliche Ausweitung der inländischen Nachfrage aufgrund gestiegener Bevölkerungszahlen, auch das Arbeitsangebot wurde negativ beeinflußt. Der aufkommenden Industrie gelang es nur unter Schwierigkeiten, den Arbeitskräftebedarf zu decken, zumal die Landwirtschaft wegen spärlicher Produktivitätsgewinne kaum Arbeitskräfte freisetzte. Geringe Geburtenhäufigkeit und steigende Lebenserwartung erhöhten den Anteil der Erwachsenen an der Gesamtbevölkerung (1821: 58,4 %; 1911: 61,7 %) in krassem Unterschied zu den stark wachsenden übrigen europäischen Gesellschaften, wo dieser Anteil sich stetig verkleinerte. Das führte zu einer deutlichen Erhöhung der Erwerbsquote, die von 1821 mit 38,1 % auf 53,3 % im Jahre 1911 anstieg. Dies gelang auch durch eine stärkere Einbeziehung weiblicher Arbeitskräfte in die Erwerbsarbeit: Ihre Zahl verdoppelte sich von 1821 bis 1911 von 3,9 Millionen auf 7,7 Millionen Frauen. Die stärkere Ausschöpfung des französischen Erwerbspotentials fing die negativen Wirkungen auf das Arbeitsangebot der französischen Wirtschaft, die mit der nur gering wachsenden Bevölkerung verbunden waren, allerdings nur zum Teil auf.

Wenn man nun glaubt, daß dieses begrenzte Arbeitsangebot mit dramatisch steigenden Löhnen in Frankreich verbunden war, so irrt man gründlich. Dafür waren zum einen die hohen Lebenshaltungskosten verantwortlich, weil ein beachtlicher Teil der nominellen Lohnzuwächse schnell von steigenden Agrarpreisen aufgezehrt wurde. Darüber hinaus spielte der relativ geringe Qualifikationsgrad der französischen Arbeiter und ihre daher geringe Arbeitsproduktivität eine Rolle. Allein in den wenigen durch das Heimgewerbe geprägten ländlichen Regionen fand sich eine größere Zahl gewerblich vorgebildeter Lohnarbeiter. Deshalb siedelten sich die ersten französischen Gewerbebetriebe in solchen Regionen an. Die technischen Kenntnisse und Fähigkeiten der Heimgewerbetreibenden reichten jedoch nicht aus, diese Arbeitskräfte unmittelbar als Fabrikarbeiter einzusetzen, häufig waren zusätzliche Qualifikationsmaßnahmen erforderlich.

Schätzungen der Einkommensentwicklung französischer Arbeitskräfte zeigen zwar einen deutlichen Anstieg im 19. Jahrhundert an: Das Wachstum der Nominaleinkommen von 1810 bis 1880 kann auf etwa 100 % geschätzt werden. Doch diese Verdopplung wurde zum Großteil von den Preissteigerungen aufgezehrt, so daß ein Realeinkommenszuwachs von weniger als 40 % in diesen siebzig Jahren zu konstatieren bleibt. Ein im internationalen Vergleich also eher bescheidener Zugewinn. Die Einkommensdifferenzen zwischen englischen und französischen Arbeitern bleiben im Verlauf des 19. Jahrhunderts daher stabil und zeigen keine Tendenz zur Angleichung (Tab. 12).

Tabelle 12: Realeinkommensdifferenzen zwischen Frankreich und England 1840–1912 [42]

Jahr	Prozentualer Anteil des franz. Realeinkommens am engl. Realeinkommen
1840	76
1860	70
1880	71
1900	69
1912	79

Von der nur moderaten Expansion des französischen Arbeitspotentials und der wenig dynamischen Entwicklung der ländlichen Gesellschaft in Frankreich konnte natürlich die *Kapitalakkumulation* nicht unbeeinflußt bleiben. Auch hier waren es wiederum institutionelle Hemmnisse, d. h. die trotz der Einführung des napoleonischen Code commerce weiterhin restriktiven Rechtsverhältnisse, die einer Verbreitung von Aktiengesellschaften bis 1867 enge Grenzen setzten. Bis zur Jahrhundertmitte waren die Industrieunternehmen weitgehend auf das Privatvermögen ihrer Gründer und die einbehaltenen Gewinne angewiesen, um Investitionen zu finanzieren. An diesem Bild änderte die relativ frühe Gründung der Caisse d'Escompte, die vereinzelt gewerbliche Unternehmen finanzierte, ebenso wenig wie die Tatsache, daß die bereits 1757 von einigen Adeligen gegründete Société des Mines d'Anzin sowie die Hütten von Creuzot und Indret gelegentlich mit der Unterstützung von Banken rechnen konnten. Diese hing eher von der Kreditwürdigkeit der adeligen Eigentümer und weniger von den Zukunftserwartungen der Unternehmen ab und blieb insofern eine Ausnahme von der Regel. Industrieunternehmen waren weiterhin auf Privatvermögen angewiesen und konnten auf diese Weise nur finanziert werden, weil ihre Kapitalbedürfnisse noch relativ bescheiden waren. Das größte Textilunternehmen Frankreichs, die Firma Dollfuß-Mieg & Co im Elsaß, beschäftigte zum Beispiel noch während des zweiten Kaiserreiches niemals mehr als 3000 Arbeiter. Aktiengesellschaften fanden nur zögerlich und vorwiegend im Bergbau, der Eisenindustrie und später auch in der chemischen Industrie Verbreitung. Ein effizientes Banken- und Finanzsystem zur Förderung der industriellen Kapitalbildung konnte sich in Frankreich nicht entfalten. Die vielgerühmte Finanzinnovation des durch die Brüder Péreire 1852 gegründeten Crédit Mobilier, eine Aktienkreditbank zur Mobilisierung von Investitionskapital, blieb in ihrer Wirkung auf Investitionen im Eisenbahn- und Kanalbau sowie auf Auslandsanlagen begrenzt. Die französische Industrie konnte davon kaum profitieren, schon eher ihre Konkurrenz in Belgien und Deutschland, wohin zahlreiche französische Investitionen flossen.

Im Inland floß das französische Kapital weitaus stärker in den heimischen Immobilienmarkt, so daß in der gesamtwirtschaftlichen Perspektive die Kapitalbildung im Wohnungsbausektor den Löwenanteil ausmachte, gefolgt von Investitionen in der Infrastruktur, vornehmlich wohl im Verkehrswesen, und von deutlich geringeren Anlagen in industriellen Ausrüstungen (Tab. 13). Zwar konnten die industriellen Ausrüstungsinvestitionen im Verlauf des 19. Jahrhunderts ihren Anteil an der gesamtwirtschaftlichen Kapitalbildung in Frankreich steigern, doch sie verharrten selbst zu Beginn des 20. Jahrhunderts noch deutlich hinter denen in Wohnungen und Infrastruktur.

Tabelle 13: Kapitalbildung in Frankreich 1820–1913[43]

Zeitraum	insgesamt (in Mill. Francs)	Wohnungen	davon in Ausrüstung	Infrastruktur
1820–32	395	209	54	56
1833–42	599	259	88	141
1843–52	761	269	120	235
1853–62	1233	440	211	405
1863–74	1242	452	219	343
1875–86	1495	682	236	481
1887–95	1331	623	193	418
1896–1904	1710	763	323	437
1905–13	2339	889	559	707

Im internationalen Vergleich blieb die Kapitalbildung in Frankreich deutlich hinter der Deutschlands oder Großbritanniens zurück, soweit die seit 1860 verfügbaren Zahlen einen solchen Vergleich zulassen. Danach vergrößerte sich dieser zur Mitte des 19. Jahrhunderts kaum merkliche Abstand bis 1910 ganz beachtlich.

Trotz der bereits seit Napoleon üblichen Prämierung von Erfindungen durch den Staat blieb der Stand der *Technik* innerhalb der französischen Industrie eher bescheiden. Im frühen 19. Jahrhundert war man in Frankreich, wie andernorts auch, beim Aufbau eigener Industrien auf den Import britischer Maschinen und britischer Experten angewiesen. Französische Unternehmer suchten Rat und Hilfe in England und unternahmen gelegentlich umfangreiche Informationsreisen, um sich mit den neuesten Techniken vertraut zu machen. Schon bald kamen jedoch französische Erfindungen und Weiterentwicklungen hinzu: so der Webstuhl von Jacquard und die Nähmaschine von Thimmonier.

Technischer Fortschritt läßt sich nicht abstrakt und generell, sondern nur auf der Basis einzelner Branchen und Unternehmen nachzeichnen. In Frankreich ist vor allem die Textilindustrie und dort wiederum die Baumwollindustrie hervorzuheben, die besonders im Elsaß im frühen 19. Jahrhundert bemerkenswerte Mechanisierungserfolge erzielen konnte, auch wenn diese Fortschritte im Vergleich mit der gleichzeitig boomenden britischen Baumwollindustrie als bescheiden zu bezeichnen sind. Wesentliche Neuerungen griffen erst nach 1850 Raum und strahlten auf andere traditionelle Zweige der Textilindustrie (Leinen, Wolle) aus, die erst in der zweiten Hälfte des 19. Jahrhunderts den Schritt zur Mechanisierung der Produktion wagten.

In der französischen Eisenindustrie lassen sich schon sehr früh Versuche finden, die in England entwickelten modernen Steinkohlentechnologien auch in Frankreich erfolgreich anzuwenden. Hier ist insbesondere das französischen Adeligen gehörende Werk von Decazeville zu nennen. Doch Kapitalmangel, eine unzureichende Unternehmensstruktur sowie die reichliche Ausstattung mit Ressourcen, die für die traditionelle Eisenindustrie ausschlaggebend waren, verhinderten eine frühe Adaption der modernen Technologie. Später kam es zu einer stufenweisen Einführung der modernen Verfahren, eingebunden in eine äußerst erfolgreiche Strategie der Teilmodernisierung der französischen Eisenindustrie[44], in der die Vorteile der modernen Technologien mit denen der überkommenen Verfahren kombiniert wurden. So fanden nach 1815 auch in Frankreich moderne Puddel- und Walzwerke Verbreitung, die häufig mit importiertem Koksroheisen betrieben wurden. Erst in den 1880er Jahren – im europäischen Vergleich relativ spät – erfolgte eine grundlegende Modernisierung der französischen Eisenindustrie: Das Bessemer-Verfahren und später das Thomas-Verfahren wurden eingeführt. Diese Modernisierung der französischen Eisenindustrie war mit einer starken Konzentration der Branche verbunden. Nur zehn Unternehmen erzeugten mehr als die Hälfte des französischen Stahls, die Firma de Wendel allein 11,2 %.

Schon wegen der begrenzten Verfügbarkeit von Rohstoffen war Frankreich gezwungen, sich über die *Außenwirtschaft* mit den fehlenden Rohmaterialien zu versorgen. Die gesamte Rohbaumwolle und circa ein Viertel des Kohlebedarfs der französischen Wirtschaft mußten importiert und die notwendigen Devisen dazu durch Exporte erwirtschaftet werden. Zwischen 1820 und 1860 wuchs daher der Anteil der französischen Wirtschaft am Weltmarkt ständig an. 1860 machten die französischen Exporte bereits 19 % aller europäischen Exporte aus. Zwischen 1850 und 1875 wuchsen sie mit einer durchschnittlichen jährlichen Wachstumsrate von 5,3 % weit schneller als das französische Sozialprodukt und sogar schneller als die französische Industrieproduktion. Frankreich rangierte zu dieser Zeit als Exportnation international auf Platz zwei hinter Großbritannien. Doch dann trat Deutschland als neuer Konkurrent auf den Plan, und bereits 1881 hatte der deutsche Export denjenigen Frankreichs überflügelt. Zwischen 1911 und 1913 exportierte dann Deutschland doppelt so viele Industriegüter wie Frankreich.

Hier erwies sich das Festhalten an der Schutzzollpolitik als ein institutionelles Hemmnis für die Entfaltung der französischen Außenwirtschaft. Der Außenhandel sah sich gezwungen, weniger kompetitive Partner zu bevorzugen, und konzentrierte sich daher auf Rußland, Skandinavien und die französischen Kolonien in Übersee. Den Großteil des Außenhandels bestritten weiterhin Textilprodukte, die ungeschützt der internationalen Konkurrenz kaum gewachsen waren, weshalb geschützte Handelsräume, insbesondere in den Kolonien, eine bemerkenswerte Rolle für deren Export spielten. In einigen neuen Industrien, z. B. bei Chemikalien und Automobilen, konnten sich die französischen Produzenten aber durchaus auch ungeschützt behaupten. Zunehmend wurden außerdem Rohstoffe, vor allem Eisenerz und Bauxit, aus Frankreich ausgeführt.

Einen bedeutsamen Bereich der französischen Außenwirtschaft bildeten schließlich die umfangreichen Kapitalexporte, die in der zweiten Hälfte des 19. Jahrhunderts durchgeführt wurden und deren Wert bis 1900 auf ca. 25,5 Milliarden Francs angewachsen war und danach bis 1914 nochmals auf 42 Milliarden Francs anstieg. Zunächst wurden diese Kapitalien vor allem in Süd- und Westeuropa angelegt, später, am Ende des Jahrhunderts, wurden Südamerika und Rußland zum Hauptschuldner Frankreichs. Die Erträge aus diesen umfangreichen Auslandsinvestitionen trugen an der Wende zum 20. Jahrhundert nicht unerheblich zum französischen Volkseinkommen bei.

Zwei weitere hemmende institutionelle Faktoren bleiben zu ergänzen, die *staatliche Wirtschaftspolitik* und *unternehmerische Initiative*, die ebenfalls den institutionellen Rahmenbedingungen einer erfolgreichen Industrialisierung zuzurechnen sind. Während des napoleonischen Kaiserreichs geriet die französische Wirtschaft zunehmend in den staatlichen Gestaltungsbereich. Die Kontinentalsperre sollte einerseits die englische Wirtschaft schwächen, andererseits aber zugleich der Integration der kontinentalen Märkte unter französischer Dominanz dienen. Und in der Tat machte sich in Großbritannien das Ausbleiben kontinentaleuropäischer Holz- und Getreideimporte schmerzlich bemerkbar und trieb durch gleichzeitig auftretende Mißernten die Getreidepreise nach oben und den Kurs des Pfundes nach unten. Doch die negativen Wirkungen der Kontinentalsperre im übrigen Europa waren weitaus gravierender. Exportorientierte Branchen verloren ihre Hauptabsatzgebiete, und rohstoffabhängige Sektoren mußten ihre Produktion einschränken. Vor allem die Textilindustrie, insbesondere die Leinen- und Baumwollindustrie, wurde dadurch schwer beeinträchtigt. Auch die französischen Schutzzölle und verschiedene mit kontinentaleuropäischen Staaten abgeschlossene Handelsverträge, die vor allem der französischen Wirtschaft im Kontinentalsystem einseitige Vorteile verschaffen sollten, verfehlten dieses Ziel weitgehend und schadeten mehr als sie nutzten. Diese an merkantilistischen Vorbildern orientierte staatliche Außenwirtschaftspolitik mit ihrer fiskalischen Zielen folgenden Exportförderung und Importregulierung schien unter den Bedingungen des sich entfaltenden internationalen Industriesystems nicht mehr zeitgemäß. Der Ausbau der vor der englischen Konkurrenz geschützten mechanisierten Baumwollindustrie endete nach 1815 in einer Krise, als die überlegenen englischen Anbieter wieder auf den Markt traten. Doch gelang es der französischen Baumwollindustrie, unterstützt durch den Staat, sich mühsam zu behaupten.

Im Bereich des Verkehrssystems zeigten die staatlichen Interventionen weit positivere Wirkungen als in der Industrie. Schon im Ancien Régime hatte Frankreich über ein recht gut ausgebautes Straßensystem verfügt, das sich nun jedoch wegen seiner Ausrichtung auf die Hauptstadt und die Häfen bei einer gänzlichen Neuorientierung der französischen Regionalstruktur im Zuge der Industrialisierung als unzureichend erwies. Der Ausbau des Straßennetzes allein konnte den Mangel an Transportmöglichkeiten nicht beseitigen, so daß zwischen 1820 und 1850 ein staatlich initiiertes Kanalbauprogramm einen zweiten Verkehrsträger zu installieren suchte. Mit etwa 2500 km Kanalbauten wurde der Versuch unternommen, die Hauptstadt Paris mit den sich industrialisierenden Gebieten im Norden und Osten des Landes zu verbinden; ein Versuch, der nur unvollkommen gelang.

Schließlich blieb die stark ländliche, traditionalistische Prägung der französischen Gesellschaft des 19. Jahrhunderts nicht ohne Auswirkungen auf das französische Unternehmertum. Dessen konservative Orientierung wurde noch verstärkt durch die starke Rolle, die die französische Zentralregierung im Wirtschaftsleben erlangte und die der Entfaltung eines kapitalistischen Wirtschaftsgeistes eher im Wege stand. Zudem bildeten Regierungsämter lange Zeit eine attraktive Alternative zu privater Wirtschaftstätigkeit, weil ein Teil dieser Ämter käuflich und ökonomisch einträglich war und das Steuereinzugssystem wegen der Möglichkeit der Pacht von Steuereinnahmen ebenfalls Chancen zu beachtlichen Gewinnen bot. In die gleiche Richtung wirkten auch Fördermaßnahmen des Staates zur Produktion hochwertiger Manufakturwaren. All dies behinderte eher die Herausbildung einer kapitalistischen Unternehmerschaft, als daß es diesen Prozeß förderte.

Erst die neuen Entwicklungen nach 1850 schufen die Voraussetzungen für eine kapitalistische Unternehmertätigkeit, und schon bald fanden sich auch in der französischen Gesellschaft zahlreiche Personen, die diese neuen Chancen nutzten. Doch selbst für die erfolgreichen Unternehmer dieser Zeit blieb der enge Kontakt mit der Staatsverwaltung und mit dem Bankensystem eine unabdingbare Voraussetzung ihres Erfolges – ein Charakteristikum, das für die französische Wirtschaft bis heute typisch geblieben ist.

Die geschilderten institutionellen Hemmnisse der französischen Wirtschaft im 19. Jahrhundert können dazu herangezogen werden, das relative Zurückbleiben Frankreichs gegenüber der britischen Entwicklung zu erklären, wie das *Sidney Pollard* tut.[45] Demnach hat es am Ende des 18. Jahrhunderts in Frankreich eine Reihe von institutionellen Regelungen gegeben, die eine unmittelbare Übernahme des britischen Entwicklungsmodells verhindert haben. Die Agrarverfassung mit dem zersplitterten Bodeneigentum erlaubte nur eine begrenzte Steigerung der landwirtschaftlichen Produktivität, die zur Förderung des industriellen Wachstums hätte verwandt werden können. Das mit der besonderen Agrarverfassung verbundene geringe Bevölkerungswachstum begrenzte die positiven Effekte einer Nachfragesteigerung und einer Ausdehnung des Arbeitspotentials. Die traditionelle Orientierung des französischen Kapitalmarktes auf die Finanzierung von Staatskredit, Verkehrsinvestitionen und Auslandsanleihen bedingte Unvollkommenheiten hinsichtlich der Bedürfnisse der Industriefinanzierung. Die große Bedeutung des Staates für die Wirtschaft, seine protektionistische Außenwirtschaftspolitik und die Ineffizienz seiner großen Bürokratie wirkte sich ebenfalls nachteilig aus und trug zur Entstehung einer weniger dynamischen, traditionalistisch orientierten Unternehmerschaft bei.

Diese genannten institutionellen Hemmnisse für eine der britischen Entwicklung vergleichbare dynamische Industrialisierung Frankreichs im 19. Jahrhundert wurden noch ergänzt durch eine Reihe von Nachteilen in der Ausstattung mit natürlichen Ressourcen: die schlechte Qualität der französischen Steinkohle, die weite regionale Streuung der Kohle- und Erzlagerstätten sowie der Mangel an günstigen natürlichen Verkehrswegen. Zusätzliche hemmende Faktoren ließen sich leicht ergänzen oder aus den institutionellen Hemmnissen herleiten, wie z. B. eine dualistische Gewerbestruktur oder stagnierende Märkte.

Dennoch darf man die Wirkungen all dieser Faktoren nicht überschätzen, denn immerhin gelang es Frankreich, wenn auch mit Verzögerung, ebenso wie seine Nachbarn und erfolgreicher als die Staaten in Europas Süden, Osten und Norden, den Weg zu einer erfolgreichen Industrialisierung bereits früh im 19. Jahrhundert einzuschlagen. Die französische Wirtschaft wies in diesem Zeitraum herausragende dynamische Sektoren auf und durchlief Phasen beschleunigter Entwicklung. Nur schuf die Mischung der institutionellen Arrangements in Frankreich offenbar einen anderen Industrialisierungspfad als in der Vorbildnation England.

Die hemmende Wirkung der geschilderten Faktoren war daher von begrenzter Bedeutung, und natürlich lassen sich ebenso der Industrialisierung förderliche Faktoren anführen, wie eine geordnete Staatsverwaltung, ein großer Inlandsmarkt, eine reiche Gewerbetradition, Wohlstand und Sparfähigkeit, zahlreiche Rohstoffe und nicht zuletzt eine alles in allem bürgerlich-liberale Wirtschaftsverfassung.

Doch zweifellos wurde im 19. Jahrhundert der ökonomische Abstand zum Vorreiter Großbritannien größer: War das nun ein Mißerfolg, oder muß man das zögerliche Nachfolgen als einen Erfolg bewerten? Großbritannien erlangte seinen Vorsprung vor allem durch die Entwicklung neuer Investitionsgüter und Zwischenprodukte, während Frankreich sich auf die Verbrauchsgüterproduktion konzentrierte, bei der es wegen der höheren Arbeitsintensität und geringerer Löhne vergleichsweise Kostenvorteile gehabt haben mag. Die englische Bevölkerung hatte zudem den Industrialisierungsvorsprung des Landes mit hohen sozialen Kosten zu bezahlen. Man muß also die Erfolge der unterschiedlichen Entwicklungswege gegeneinander abwägen und kann so zu einer Neubewertung der französischen Industrialisierungsgeschichte gelangen, ohne gleich so weit gehen zu müssen wie *Patrick O'Brien* und *Calgar Keyder*, die Frankreich letztlich für erfolgreicher als Großbritannien halten. Wichtiger als die Frage nach Erfolg oder Mißerfolg ist die Feststellung, daß die abweichenden Wege institutionell begründbar sind.

Die Industrialisierung Preußens / Deutschlands: Erfolgreicher Spätkömmling?

Die Voraussetzungen zu einem industriellen Aufschwung in Deutschland am Beginn des 19. Jahrhunderts waren im Vergleich zu den übrigen Staaten Westeuropas äußerst ungünstig. Bis 1806 bestand das Alte Reich aus einer Vielzahl ungleichgewichtiger Territorien, die in mehreren Schritten in einen einigermaßen einheitlichen Wirtschaftsraum integriert werden mußten. Dieser Prozeß fand parallel zu den politischen Einigungsbemühungen statt, die schließlich 1871 zur Gründung des Kaiserreichs führten.

Diese institutionellen Faktoren haben dazu beigetragen, daß die Industrialisierung in Deutschland, verglichen mit Großbritannien und Belgien, relativ spät einsetzte. Der entsprechende Entwicklungsrückstand wurde allerdings – im Unterschied etwa zu Frankreich – durch einen außerordentlich dynamischen Aufholprozeß wettgemacht, der in der Mitte des Jahrhunderts seinen Höhepunkt erreichte. Bis zur Jahrhundertwende hatte Deutschland die Pioniere der Entwicklung nicht nur eingeholt, sondern in bestimmten Bereichen sogar übertroffen.

Das Wachstum der deutschen Wirtschaft im 19. Jahrhundert

Erst mit den Schätzungen von *Walther G. Hoffmann* über das deutsche Sozialprodukt seit der Mitte des 19. Jahrhunderts, die dieser mit zahlreichen Mitarbeitern in den 1950er und 1960er Jahren bei der Rekonstruktion der volkswirtschaftlichen Gesamtrechnung Deutschlands seit 1850 vornahm, verfügen wir über Zeitreihen, mit denen der wirtschaftliche Wachstumsprozeß in Deutschland und seinen wichtigsten Einzelstaaten im 19. Jahrhundert beschrieben und analysiert werden kann. Reinhard *Spree* hat später den verdienstvollen Versuch unternommen, die Schätzung über das deutsche Sozialprodukt bis 1840 zurück zu verlängern. Tabelle 14 stellt dessen Entwicklung seit 1840 dar. Bei diesen Daten – das soll nochmals hervorgehoben werden – handelt es sich um komplexe Schätzungen, deren Zustandekommen jedoch gut kommentiert und daher nachvollziehbar ist. Zudem zeigen sie ein hohes Maß an Übereinstimmung mit Berechnungen, die vereinzelt von Zeitgenossen im 19. und frühen 20. Jahrhundert unternommen wurden. Bereits im Jahre 1932 hat das Statistische Reichsamt erstmals eine Berechnung des deutschen Volkseinkommens für den Zeitraum 1891 bis 1931 vorgelegt, die als klassisches Muster einer Verteilungsrechnung gilt, also die Verteilung des Volkseinkommens auf verschiedene Gruppen von Einkommensbeziehern errechnet. Von *Karl Helfferich* liegen ebenfalls einige Schätzungen des Volkseinkommens zwischen 1896 und 1913 vor, weiterhin von *R. May* für die Jahre 1895 bis 1907. Andere Autoren haben dar-

Tabelle 14: Entwicklung des Sozialprodukts in Deutschland 1840–1913 (in Mill. Mark) [46]

Jahr	Betrag
1840	6702
1845	8042
1850	9449
1855	9657
1860	11577
1865	13167
1870	14169
1875	17651
1880	17679
1885	20417
1890	23589
1895	27621
1900	33169
1905	37189
1910	42981
1913	48480

über hinaus Schätzungen für einzelne Jahre des Untersuchungszeitraums vorgelegt, beginnend mit *Gustav Schmoller* für das Jahr 1895. Alle diese nachträglichen Berechnungen und Schätzungen streuen sehr eng um die Hoffmannschen Daten und bestätigen damit indirekt deren Qualität. Leider finden sich entsprechende zeitgenössische Versuche nicht für die Zeit vor 1895.

Die Zahlen der Tabelle 14 veranschaulichen einen relativ stabilen und kontinuierlichen Wachstumsprozeß in Deutschland seit den 1840er Jahren. Dieser Eindruck bleibt natürlich vordergründig, weil eine Darstellung der Entwicklung des Sozialprodukts in Abständen von fünf Jahren die innere Dynamik, vorübergehende Rückschläge und Stillstand des Wachstumsprozesses nicht veranschaulichen kann. Die *jährlichen* Wachstumsraten bieten das Bild eines weitaus ungleichmäßigeren Wachstumsverlaufs als in der angezeigten Tabelle.

Demnach wurde die langfristige Expansion des deutschen Sozialprodukts von deutlichen konjunkturellen Wellen überlagert. Folgt man der Interpretation von Spree, so läßt sich bereits zwischen 1844 und 1848 ein erster Wachstumszyklus in Deutschland auffinden, dessen Impulse aus dem gewerblich-industriellen Bereich des Zollvereins stammten, der insgesamt jedoch noch sehr schwach ausgeprägt war und der infolge der Revolution von 1848 abrupt sein Ende fand. Diese Störungen waren aber spätestens 1852 wieder überwunden. Nun setzte ein dynamischer Expansionsprozeß ein. Investitionen und Gründungen waren in allen industriewirtschaftlichen Bereichen zu beobachten und strahlten von dort in die Gesamtwirtschaft aus. Erst die Weltwirtschaftskrise 1858/59 unterbrach das Wachstum erneut. Wenn es allerdings in Deutschland je einen Take Off im Rostowschen Sinne gegeben hat, so fand er in den 1850er Jahren statt, in denen sich die entscheidende Wende in der deutschen Industrialisierung vollzog, getragen vor allem durch Investitionen im Eisenbahnbau und in der Schwerindustrie.

Die frühen 1860er Jahre waren durch eine eher schwache Konjunktur geprägt, bis 1867 ein neuer Aufschwung einsetzte, der im »Gründerboom« der frühen 70er Jahre seinen Höhepunkt erreichte, ehe die »Gründerkrise« 1873 die Konjunktur abstürzen ließ und eine längere Phase mäßiger Entwicklung mit deflationären Tendenzen begann. Obwohl die Wirtschaft weiterhin deutlich wuchs, wurde diese Periode, den negativen Einschätzungen der Zeitgenossen folgend, häufig als »Große Depression« bezeichnet. Sie endete erst Mitte der 1890er Jahre, als ein neuer, bis 1913 anhaltender Boom die deutsche Wirtschaft gänzlich auf den Stand einer modernen Industriewirtschaft hob. Der in konjunkturellen Schüben erfolgende Wachstumsverlauf läßt sich durch eine Darstellung der Entwicklung des Pro-Kopf-Einkommens der deutschen Bevölkerung gut veranschaulichen und liefert damit einen groben Indikator für die Entwicklung ihrer Lebensverhältnisse.

Blickt man allein auf die Industrieproduktion in Deutschland, so ist man für die frühen Jahre mit sehr unterschiedlichen Schätzungen konfrontiert. *Rolf Wagenführ* (1933) sieht eine seit Beginn des 19. Jahrhunderts steigende Industrieproduktion, während *Jürgen Kuczynski* diese zu Beginn des Jahrhunderts fast bei null sieht und ab etwa 1815 ein dramatisches Wachstum konstatiert, das Mitte der 1850er Jahre dann das Niveau erreicht, das auch von Wagenführ errechnet worden ist. Diese beiden, insgesamt offenbar nicht sehr zuverlässigen Datenreihen vermitteln für die Frühphase der deutschen Entwicklung ein widersprüchliches Bild. Nach Kuczynski hat es offenbar eine dramatische industrielle Revolution zwischen 1815 und 1855 gegeben, nach Wagenführ verlief die Entwicklung stetiger und weniger drastisch. Hier offenbaren sich die Probleme einer derartigen Statistik über längere Zeiträume. Soll man die zweifellos vorhandene primitive Steinkohlenförderung vor 1815 mit der Förderung der modernen Großschachtanlagen nach 1850 in einem Index der »Industrie«-produktion zusammenfassen? Kann man die Eisenherstellung im traditionellen Holzkohlehochofen oder im noch früher verbreiteten Rennofen mit der in den modernen Steinkohlehochöfen gleichsetzen? Ein zweifelhaftes Unterfangen: Sofern mit der Industrialisierung eine Umwälzung von Produktionstechnologien einhergeht, ist das Vorhandensein eines bestimmten Produktes wie Steinkohle oder Roheisen noch kein Indikator für »Industrie«, sondern es kommt ebenso sehr auf die Produktionstechnik an. Deren Veränderung wird vor allem im Strukturwandel der Wirtschaft deutlich: Moderne Sektoren begin-

nen, gegenüber den traditionellen Sektoren an Bedeutung zu gewinnen. Dies ist auch in Deutschland seit dem frühen 19. Jahrhundert zu beobachten, wie die Tabellen 15 und 16 zeigen.

*Tabelle 15: Wertschöpfungsanteile der volkswirtschaftliche
Hauptsektoren in Deutschland 1850/54–1910/13 (in %)* [47]

Periode	Landwirtschaft	Industrie und Gewerbe	Dienst-leistungen
1850/54	45,2	21,1	33,6
1855/59	44,3	22,7	33,0
1860/64	44,9	23,8	31,3
1865/69	42,4	26,8	30,8
1870/74	37,9	31,7	30,4
1875/79	36,7	32,8	30,5
1880/84	36,2	32,5	31,3
1885/89	35,3	34,1	30,6
1890/94	32,2	36,8	31,0
1895/99	30,8	38,5	30,7
1900/04	29,0	39,8	31,2
1905/09	26,0	41,9	32,1
1910/13	23,4	44,6	32,0

Tabelle 16: Beschäftigtenanteile der volkswirtschaftlichen Hauptsektoren in Deutschland 1800–1907 (in %) [48]

Jahr	Landwirtschaft	Industrie und Gewerbe	Dienst-leistungen
1800	61,8	21,3	16,9
1825	59,0	22,0	19,0
1846	56,8	23,6	20,4
1855	53,9	25,4	20,6
1861	51,7	27,3	21,0
1871	49,3	28,9	21,8
1882	42,2	35,6	22,2
1895	36,6	38,9	24,8
1907	34,0	40,0	26,0

Die Bedeutung der Agrarproduktion ging im 19. Jahrhundert deutlich zurück, trotz einer gesteigerten absoluten Produktion, denn der industrielle Sektor wuchs sehr viel stärker als die Landwirtschaft, ebenso wie die Dienstleistungsproduktion, die dadurch ihren Anteil an der Gesamtproduktion behaupten konnte. Dieser sektorale Strukturwandel der Gesamtwirtschaft läßt sich ebenfalls anhand der Beschäftigtenanteile nachzeichnen, die aus den verschiedenen Berufszählungen rekonstruiert werden können. Ein genauerer Blick auf den gewerblichen Sektor (Tab. 17) zeigt, daß hier nicht von Beginn an die moderne Industrie dominierte, sondern daß auch andere Betriebsformen der Gewerbeproduktion zunächst sehr bedeutsam waren und sich, wie das Handwerk, zum Teil lange Zeit gut behaupten konnten.

Die Betriebsform des Verlags spielte neben dem Handwerk im Gewerbe zunächst eine große Rolle, verlor aber in der zweiten Hälfte des 19. Jahrhunderts rasch an Bedeutung, während das Handwerk sich insgesamt gut behaupten konnte und durch die insgesamt zunehmende Beschäftigtenzahl sogar die absolute Zahl der Beschäftigten im Handwerk bis in die 1870er Jahre noch ausdehnen konnte. Langfristig betrachtet bildet jedoch die Industrie den eindeutigen Gewinner der Entwicklung.

Tabelle 17: Beschäftigtenanteile im gewerblichen Sektor der deutschen Wirtschaft 1800–1913 (in %)[49]

Jahr	Verlag	Handwerk	Industrie
1800	43	50	7
1835	43	46	11
1850	39	45	16
1873	21	46	33
1900	5	35	60
1913	4	34	62

Marktintegration und Marktentfaltung der deutschen Volkswirtschaft im 19. Jahrhundert: Sektoren und Regionen

Das vorrangige Problem war für die deutsche Wirtschaft zu Beginn des 19. Jahrhunderts die Herstellung eines einheitlichen Wirtschaftsraumes: die Konstituierung einer Volkswirtschaft. Sie erfolgte seit 1815 in mehreren Stufen bis zur Bildung des Deutschen Zollvereins 1834.

Am Ende des alten Reichs existierten innerhalb der Reichsgrenzen etwa 1800 Zollschranken, die den Güteraustausch beeinträchtigten und eine umfassende Dynamisierung der Wirtschaft weitgehend unmöglich machten. Das preußische Zollgesetz von 1818 wies hier den zukünftigen Weg: Alle Binnenzölle wurden abgeschafft, und für den preußischen Staat wurde ein Außenzollsystem etabliert. Andere Staaten modernisierten ebenfalls ihr Zollsystem, und das in den okkupierten Territorien gültige französische Recht gab weitere positive Impulse. Doch blieb auch nach 1815 die Han-

dels- und Zollgesetzgebung völlig in der Hand der Einzelstaaten –
entgegen einer anders lautenden Absichtserklärung des Artikels 19
der Bundesakte.

Die Gründung des Deutschen Zollvereins bildete daher eine
wichtige Voraussetzung zur Schaffung eines einheitlichen deutschen Wirtschaftsgebiets. Jedoch blieben die direkten Effekte der
Zollpolitik auf die Wirtschaft nur sehr schwer zu bestimmen oder
gar zu messen, vor allem deshalb, weil deren Effekte nicht los-
gelöst von anderen Entwicklungen zu bestimmen sind. Dazu zählten die Wirkungen, die von einer Vereinheitlichung des deutschen
Währungsgebiets ausgingen. Auch nach 1815 behielten die verschiedenen deutschen Staaten ihre Währungshoheit, und manche
von ihnen benutzten diese ganz bewußt, um durch Münzgewinne
Staatseinnahmen zu erzielen. Dies führte zu einer weitgehenden
Konfusion im Geldsystem der deutschen Staaten und erhöhte die
Kosten ökonomischer Transaktionen nicht unerheblich. 1837 begann man, durch Verträge das Münzsystem zu vereinheitlichen,
und machte bereits 1838 weitere Fortschritte: Ein einheitlicher
Taler- und Guldenraum mit einer festen Anbindung an den Sil-
berwert, also quasi mit festen Wechselkursen, wurde geschaffen
und schließlich gar eine Zollvereinsmünze geprägt, die wegen ihres hohen Wertes allerdings keine weite Verbreitung fand. 1857
wurde Österreich ebenfalls in diese Vereinbarungen mit einbezogen, was sich jedoch schnell als voreiliger Schritt erwies, und
1867, als Folge der Niederlage im Krieg gegen Preußen, schied
Österreich wieder aus. Der Weg war frei für die preußisch dominierte Währungseinheit, die schließlich 1876 mit der Einführung
der Mark und der Gründung der Reichsbank ihren Abschluß
fand.

Auch die marktwirtschaftliche Durchdringung der Landwirtschaft, ihre Kommerzialisierung und Kapitalisierung, war ein entscheidender Schritt bei der Überwindung der vormodernen Wirt-
schaftsverhältnisse. In Preußen wurden die Agrarreformen 1807
begonnen: Sie bezogen sich neben der Emanzipation der Landbewohner, der Bauernbefreiung im engeren Sinne, sowohl auf die
Neubestimmung der Eigentumsrechte am Boden als auch auf Verbesserungen in der Bodenkultur. Insbesondere die Neudefinition

der landwirtschaftlichen Bodenrechte stellte einen äußerst komplexen Prozeß dar, der nicht nur die Grundentlastung der Bauern von persönlichen Verpflichtungen und die Regulierung »schlechter« oder Ablösung »guter« bäuerlicher Rechte mit sich brachte, sondern außerdem die Aufteilung von durch die dörfliche Gemeinschaft gemeinsam genutzten Flächen sowie von Streubesitz umfaßte. Alles in allem zog sich dieser Prozeß etwa ein halbes Jahrhundert hin, in Einzelfällen sogar noch länger. Die anderen deutschen Staaten unternahmen ähnliche Bemühungen, zum Teil folgten sie dem preußischen Beispiel, zum Teil suchten sie andere Wege. Das Ergebnis war in allen Fällen das gleiche: Die Landwirtschaft wurde nach kapitalistisch-marktwirtschaftlichen Prinzipien organisiert, die Sozialverfassung des Landes gänzlich umgestaltet, der Bauer langfristig zum Agrarunternehmer.

Diese Entwicklungen, die Mobilisierung der traditionellen Produktionsformen in der Landwirtschaft durch die Agrarreformen, die Schaffung eines einheitlichen Binnenmarktes durch den Zollverein und die Herstellung eines gemeinsamen Währungsraumes durch die verschiedenen Münzkonventionen, trugen ganz entscheidend bei zur Erneuerung des produktiven Systems der deutschen Wirtschaft ab den 1840er Jahren. Die anschließende Expansion der Wirtschaft war jedoch nicht gleichmäßig, sondern stützte sich auf wenige Branchen und konzentrierte sich zunächst noch in wenigen Regionen.

Ähnlich wie in anderen Nationen machte sich auch in Deutschland der Aufschwung zunächst in der Textilindustrie bemerkbar. Diese war zunächst noch eng mit der Landwirtschaft verbunden, weil Rohstoffe (Flachs, Wolle) und Arbeitskräfte ebenso wie Produktionsformen (Heimgewerbe) ländlich geprägt blieben. Hier hatte sich besonders die Leinenproduktion hervorgetan, die aus der Oberlausitz, Schlesien, Schwaben und Westfalen stammend über die Nordseehäfen in aller Welt Absatz fand. Doch im frühen 19. Jahrhundert setzte bereits der Niedergang dieses traditionellen Gewerbezweiges ein, weil mechanisierte Baumwollspinnereien und -webereien in Belgien, England und Irland sich gegenüber der in Deutschland weit verbreiteten Handarbeit als überlegene Konkurrenten erwiesen und weil mit der Baumwolle ein Rohstoff Verbreitung fand, der den Leinenprodukten vorgezogen wurde.

Auch die Wollindustrie war über die Schafzucht eng mit der Landwirtschaft verknüpft, doch wurde bis weit ins 19. Jahrhundert hinein ein Großteil der Wolle als Rohstoff exportiert. Eine Mechanisierung der Wollspinnerei und -weberei erfolgte in Deutschland nur sehr zögerlich und unvollkommen, so daß in dieser Branche der britische Vorsprung nicht wettgemacht werden konnte. Insgesamt verlor deshalb die Wollindustrie in Deutschland im 19. Jahrhundert an Bedeutung.

Ganz anders erging es der Baumwollindustrie. Sie spielte in der deutschen Industrialisierung eine beachtenswerte Rolle. *Günter Kirchhain* hat die Baumwollindustrie innerhalb des deutschen Industrialisierungsprozesses genauer untersucht und ist dabei vor allem der Frage nachgegangen, ob hier, ähnlich wie in England, von einer führenden Rolle dieses Gewerbezweiges ausgegangen werden kann. Mit Hilfe der Rostowschen Führungssektoranalyse kommt er zu dem Schluß, daß die Baumwollindustrie in Deutschland, anders als in England, nicht als ein Führungssektor der Industrialisierung anzusehen sei.

Zunächst einmal rekonstruiert Kirchhain durch die Erstellung langer Reihen über Wertschöpfung, Arbeitseinsatz, Kapitalbildung etc. die Entwicklung dieser Branche seit 1800 und erweitert damit den Hoffmannschen Ansatz einer Rekonstruktion der volkswirtschaftlichen Gesamtrechnung im 19. Jahrhundert um die wichtigste sektorale Dimension des Wachstumsprozesses. Die entsprechenden quantitativen Daten zeigen, daß, obwohl die Baumwollproduktion hohe Produktivitätsfortschritte erzielte und ihre Kapazitäten kräftig ausweitete, ihr direkter Beitrag zur gesamtwirtschaftlichen Wertschöpfung bescheiden blieb und die Ausbreitungseffekte in anderen Sektoren wegen der Konsumnähe ihrer Produkte eher gering waren, so daß die Kriterien eines Führungssektors nicht zutreffen.

Eine Führungssektoranalyse des Steinkohlenbergbaus in Deutschland, die von *Carl-Ludwig Holtfrerich* unternommen wurde, kommt zu anderen Ergebnissen. Auch Holtfrerich unternimmt zunächst eine Rekonstruktion der quantitativen Entwicklung des Ruhrkohlenbergbaus, den er als repräsentativ für den deutschen Steinkohlenbergbau ansieht, und liefert lange Reihen über die Outputentwicklung und den Faktoreinsatz dieser Branche. In einer Bewertung seiner Ergebnisse kommt er zu dem Schluß, daß der Steinkohlenbergbau in der Tat ein Führungssektor in der deutschen Industrialisierung gewesen sei.

Die technischen Neuerungen im Steinkohlenbergbau waren mit der Verbreitung von Tiefbauanlagen immens, die eine gänzlich neue Produktionstechnologie darstellten. Mit diesen neuen Produktionsweisen konnte der Sektor für einen gewissen Zeitraum weit über dem gesamtwirtschaftlichen Durchschnitt liegende Wachstumsraten erzielen (1852–74 ca. 9 % p. a.) und schuf damit tendenziell und wegen der langen Ausreifungszeit der Investitionen in neue Schachtanlagen von sechs bis acht Jahren Überkapazitäten, die zu Preissenkungen Anlaß gaben. Auch repräsentierte der Steinkohlensektor einen beachtlichen Anteil der Gesamtwirtschaft, sowohl gemessen an der Wertschöpfung wie auch an den Beschäftigtenzahlen, so daß die ebenfalls beobachtbaren Kopplungseffekte ihre Wirkung zeigen konnten. Diese Kopplungseffekte betrafen sowohl den Output »Kohle« des Sektors, der als verbilligte Vorleistung in zahlreichen Branchen (Eisenbahnen, Eisen- und Stahlindustrie) Verbreitung fand, als auch die Nachfrage nach eigenen Vorleistungen (Ausrüstungen, Transporte der Eisenbahnen), die aus anderen Sektoren bezogen werden mußten.

Bei der Untersuchung des Steinkohlenbergbaus wird deutlich, daß dieser Sektor die Führungsposition in der deutschen Industrialisierung nicht allein übernahm. Eine Führungssektoranalyse der deutschen Eisen- und Stahlindustrie steht noch aus, für den *Eisenbahnsektor* wurde eine solche von *Rainer Fremdling* vorgelegt. Fremdling faßt zunächst den Wachstumsprozeß des Sektors in quantitativen Größen und zeigt, daß eine enorme Ausdehnung der Produktion und Wertschöpfung dieses Sektors bei deutlich sinkenden Preisen zu beobachten ist, was zu einer überdurchschnittlichen sektoralen Wachstumsrate (1850–1879 ca. 10 % p. a.) führte. Das gesamtwirtschaftliche Gewicht der Eisenbahnbranche war bereits in den 1850er Jahren beachtlich gewesen und stieg weiter an. Die Produktivität des Sektors erhöhte sich deutlich aufgrund von Massenproduktionsvorteilen und technischen Neuerungen (leistungsfähigere Lokomotiven, langlebigere Schienen und Schwellen) sowie aufgrund organisatorischer Verbesserungen. Die Kopplungseffekte des Eisenbahnsektors zeigten sich in steigender Nachfrage nach Maschinen und rollendem Material sowie in enormen Tarifsenkungen für den Eisenbahntransport.

Es fällt aufgrund dieser verschiedenen Untersuchungen nicht schwer, Eisenbahnbau, Steinkohlenbergbau, Eisen- und Stahlindustrie sowie den Schwermaschinenbau in Deutschland als einem Führungssektor*komplex* zugehörig zu identifizieren. Nicht ein Sektor allein, wie möglicherweise in England die Baumwollindustrie, hat hier die frühe Industrialisierung entscheidend geprägt, sondern eine Reihe von eng miteinander verknüpften Führungssektoren. Zeitlich voraus ging dabei freilich der Eisenbahnbau, der bereits in den 1840er Jahren zum Träger der Entwicklung wurde, sich anfangs jedoch weitgehend auf Importe belgischer und englischer Industriewaren stützte. Erst in den 1850er Jahren erfolgte dann ein rascher und umgreifender Prozeß der Substitution dieser Importe durch deutsche Produzenten, der Anlaß zu einer umfassenden Modernisierung des traditionellen deutschen Produktionssystems gab, die schließlich in eine erfolgreiche deutsche Industrialisierung einmündete.

Auch die gegenseitigen sektoralen Verflechtungen innerhalb des skizzierten deutschen Führungssektorenkomplexes lassen sich quantitativ grob abschätzen. Allerdings konnten sich deren enge Lieferverflechtungen erst in den 1860er Jahren voll ausbilden. Importe verloren an Bedeutung, und erste Exporterfolge in diesen Sektoren stellten sich statt dessen ein. Insbesondere der Umfang der Kohlentransporte durch die Eisenbahnen wuchs gewaltig an, und die Hochofenindustrie wurde zu einem bedeutenden Abnehmer des Steinkohlenbergbaus.

Da sich die deutsche Industrialisierung in einem System unabhängiger Einzelstaaten vollzog, liegt es nahe, der regionalen Differenzierung dieses Entwicklungsprozesses ein besonderes Augenmerk zuzuwenden. Der Vergleich der Entwicklung in den einzelnen deutschen Staaten zeigt allerdings, daß die größeren von ihnen ein relativ gleichförmiges gesamtwirtschaftliches Wachstumsmuster aufweisen.[50] Auch sektorale Differenzierungen auf der Ebene von Einzelstaaten offenbaren die Entwicklungsunterschiede nicht. So kann zum Beispiel festgestellt werden, daß in Preußen 1910 etwa 94 % der gesamten Steinkohlenförderung erbracht wurden und für Sachsen, Bayern und Elsaß-Lothringen nur Bruchteile übrig blieben,[51] während das eigentlich Interessante jedoch darin besteht, daß die *preußischen* Regionen sehr unterschiedlich daran Teil hatten, eine Differenzierung also innerhalb Preußens erfolgte.

Diese Auffassung deckt sich mit der allgemeinen Erkenntnis, daß in der Regel nicht Staaten in umfassender und einheitlicher Weise industrialisiert werden, sondern allenfalls einige, zumeist wenige Regionen innerhalb derselben. Hier setzt die regionale Analyse des wirtschaftlichen Wachstums an, wie sie vor allem von *Sidney Pollard* und in Deutschland von *Hubert Kiesewetter* propagiert wird. Sie weisen, in einer grundsätzlichen Kritik der nationalwirtschaftlichen Betrachtung des Industrialisierungsprozesses, darauf hin, daß eng begrenzte Regionen zum Trägerraum von Industrialisierungsprozessen werden, die sich von dort in bestimmte Regionen des In- und Auslandes ausbreiten. Das Konzept des Nationalstaates erweist sich in einer derartigen Betrachtung einerseits als zu weit, weil Industrialisierung sich nicht flächendeckend innerhalb solcher Staaten vollzog, andererseits als zu eng, weil die regionalen Entwicklungsprozesse über Staatsgrenzen hinweg miteinander verwoben waren.

Praktische Forschungen auf dem Felde der regionalen Industrialisierung stoßen jedoch auf eine Reihe methodischer Schwierigkeiten, von denen die sachgerechte Abgrenzung einer ökonomischen Teilregion die naheliegendste ist. Die Forschungen der traditionellen Landesgeschichte bieten hier nur wenig Hilfe. Sie sind sehr von dem Vorurteil geprägt, daß es die Einzelstaaten und ihre Territorien seien, die als eigentliche Objekte regionaler Industrialisierung in Betracht kämen, und daß innerhalb dieses Prozesses der Staat bzw. die staatliche Bürokratie eine entscheidende Rolle spielte. Die Bestimmung einer adäquaten Wirtschaftsregion stellt daher ein zentrales und bis heute ungelöstes Problem regionaler ökonomischer Analyse dar. Praktisch ist man immer auf Verwaltungsregionen angewiesen, da nur in diesem Rahmen die notwendigen Informationen zu erlangen sind. Eine Umgruppierung dieser Informationen und die Neubestimmung von Untersuchungsregionen kann jedoch hier weiterhelfen.

Ähnlich ist es mit den erhobenen Informationen selbst. Aus der Fülle der lokalen Quellen läßt sich eher die Totalität landestypischer Merkwürdigkeiten herleiten als regional bezogene Indikatoren des ökonomischen Wachstumsprozesses. Dies ist aber für eine regionale Analyse unerläßlich, wenn man sie auf die Untersuchung entsprechender ökonomischer Größen stützen will. Die Wahl eines adäquaten ökonomischen Entwicklungsindikators und die Erstellung entsprechender Reihen stellt daher das zweite Kernproblem regionaler Industrialisierungsforschung dar. Letztlich erweist sich die Tragfähigkeit eines regionalen Ansatzes aber erst, wenn es drittens gelingt, nicht nur Unterschiede in den lokalen Wachstumsmustern zu beschreiben, sondern auch ihr Zustandekommen zu erklären. Hier weist der regionale Ansatz in der Industrialisierungsforschung bis heute die größten Defizite auf.

In den bisherigen Untersuchungen über Prozesse ungleicher regionaler Industrialisierung in Deutschland überwiegen daher deskriptive Ansätze. *Knut Borchardt* fand in einer Untersuchung des regionalen Wohlstandsgefälles in Preußen im 19. Jahrhundert heraus, daß das West-Ost-Gefälle sich dort bereits vor dem Einsetzen der Industrialisierung herausgeprägt hatte und daher keineswegs als deren Resultat angesehen werden kann. Allerdings wuchsen die regionalen Entwicklungsunterschiede im Laufe des Jahrhunderts weiter an, was Borchardt anhand seiner regionalen Entwicklungsindikatoren der Arztdichte und der Schülerzahl an weiterführenden Schulen nachweisen kann.

Helmut Hesse benutzt in seiner Untersuchung über die regionale ökonomische Differenzierung in Preußen lokal unterschiedene Einkommensdaten, die in Form »ortsüblicher Tagelöhne« für bestimmte Beschäftigtengruppen aus der Sozialversicherungsstatistik seit den 1880er Jahren zur Verfügung stehen. Seine Berechnungen geben zu der Vermutung Anlaß, daß im 19. Jahrhundert die regionalen Einkommensunterschiede in Preußen eher zunahmen, ehe sich im frühen 20. Jahrhundert eine Tendenz zur Umkehr dieser

Entwicklung anzukündigen schien. *Frank B. Tipton* und *Thomas Orsagh* haben Arbeiten vorgelegt, die solche Prozesse regionaler ökonomischer Differenzierung in ganz Deutschland, d. h. unter Einschluß der nicht-preußischen Staaten, untersuchen. Sie benutzen dabei regionale Beschäftigtenanteile in den volkswirtschaftlichen Hauptsektoren bzw. Quoten der Industriebeschäftigten und können ebenfalls beachtliche regionale Differenzierungsprozesse konstatieren. Abgesehen davon, daß alle genannten Untersuchungen mit einer unzureichenden Regionenabgrenzung arbeiten (Provinzen erscheinen als kleinste Untersuchungseinheiten), zeigen sie große Probleme bei der Erklärung der regionalen Unterschiede. Hier macht sich das erwähnte Theoriedefizit des regionalen Ansatzes besonders nachteilig bemerkbar.

Eine detaillierte und kleinräumige Analyse regionaler Entwicklungsverläufe vermag hier möglicherweise weiterzuhelfen, insbesondere wenn man diese nicht isoliert, sondern im Vergleich mit ähnlich strukturierten Regionen vornimmt. Die genannten schwerindustriellen Regionen Preußens, die Saarregion, Oberschlesien und das Ruhrgebiet haben sich z. B. im 19. Jahrhundert recht unterschiedlich entwickelt. Die Verteilung der Produktion von Steinkohle und Roheisen als den Hauptprodukten der Schwerindustrie auf diese drei Regionen zeigt Tabelle 18.

Tabelle 18: Anteile der Steinkohlenförderung und der Roheisenproduktion in den preußischen Hauptrevieren 1817–1900 (in %) [52]

Jahr	Ruhrgebiet		Saarregion		Oberschlesien	
	Steinkohle	Roheisen	Steinkohle	Roheisen	Steinkohle	Roheisen
1817	41,3	–	10,1	–	14,8	–
1823	–	5,2	–	7,5	–	46,7
1830	40,0	7,6	15,9	11,6	15,3	49,6
1850	40,3	26,7	15,7	8,3	24,1	39,3
1872	47,9	44,4	14,3	8,5	24,6	19,2
1900	59,0	58,8	9,3	9,6	24,4	12,9

Die Zahlen lassen eine recht unterschiedliche Entwicklung der preußischen Berg- und Hüttenreviere erkennen. Die Ruhr war in der vormodernen Phase vor dem Einsetzen der eigentlichen Industrialisierung in Deutschland in den 1840er Jahren zwar schon aufgrund der Größe des Reviers und der Vorkommen der größte Steinkohlenproduzent, doch ihre überproportionale Expansion setzte hier – ebenso wie deutlicher noch bei der Rohstahlerzeugung – *nach* 1850 ein. Zuvor war Oberschlesien ein weitaus bedeutenderes Hüttenrevier mit einer beachtlichen Steinkohlenförderung.

Oberschlesien konnte auf eine jahrhundertelange schwerindustrielle Tradition zurückschauen. Dort fand im 17. Jahrhundert eine erste technische Revolution in der Eisenherstellung statt, als man dazu überging, Eisen in einem zweistufigen Verfahren mittels Erschmelzen im Holzkohlenhochofen und Frischen im Frischfeuer zu gewinnen. Steinkohle spielte zunächst noch keine Rolle, und die Modernisierungsbemühungen des preußischen Staates sowie die frühe Errichtung eines Kokshochofens blieben relativ folgenlos. Erst die enorme Expansion der Zinkgewinnung nach 1815 schuf eine rege Nachfrage nach Steinkohle und gab zu einer deutlichen Förderungssteigerung Anlaß. Parallel dazu expandierte seit den 1830er Jahren die Eisenindustrie in Oberschlesien, die insbesondere durch den Eisenbahnbau der 1840er Jahre starke Entwicklungsimpulse erhielt. Zahlreiche Neugründungen schufen in dieser Zeit die Basis für eine Modernisierung der Branche und für die Entfaltung moderner Großunternehmen in Form von Aktiengesellschaften mit Massenproduktion.

Die ungünstige Verkehrslage Oberschlesiens am Rande des Reiches, umgeben von protektionistischen Zollgrenzen (Rußland/Österreich), begrenzte die Expansionsmöglichkeiten der Region deutlich. Die Verkehrsanbindung an das Kerngebiet des Reiches durch Kanäle und Eisenbahnen blieb deshalb ein dringendes Bedürfnis, konnte aber den strukturellen Transportkostennachteil der Region niemals ganz beseitigen.

Auch die *Saarregion*, am entgegengesetzten Rande des Reiches gelegen, konnte, ähnlich wie Oberschlesien, auf eine längere schwerindustrielle Tradition zurückblicken. Bis zum Ende des

18. Jahrhunderts hatten sich aber weder die urtümliche Kohlengräberei noch die Eisengewinnung zu einem zukunftsträchtigen Gewerbezweig entwickeln können. Dies geschah erst nach dem Übergang der Region an Preußen 1815, der die Inbesitznahme und Reorganisation der landesherrlichen Gruben durch den preußischen Staat nach sich zog. Doch im Vergleich zu den anderen preußischen Revieren verlief die Entwicklung an der Saar eher in ruhigen Bahnen. Die durch private Unternehmen betriebene saarländische Eisenindustrie profitierte ebenfalls vom Eisenbahnbau, doch konnte sie die in den 1830er und 1840er Jahren gewonnene Position trotz aller Modernisierungsbemühungen langfristig nicht verteidigen und fiel, wie Tabelle 16 zeigt, auf Rang drei innerhalb der preußischen Reviere zurück. Für die Saarkohle erschloß der Deutsche Zollverein ab 1834 neue Absatzgebiete im süddeutschen Raum, die durch den Anschluß an das Eisenbahnsystem 1849/1852 leichter zu beliefern waren, so daß diese Branche ihre Position bis weit ins 19. Jahrhundert halten und verteidigen konnte. Langfristig machte sich für den Steinkohlenbergbau jedoch ein Mangel in der Qualität der Kohle bemerkbar, der sie zur Verkoksung als Hüttenkohle unbrauchbar machte.

Im später so bezeichneten *Ruhrgebiet* nördlich der Ruhr gab es bis weit ins 19. Jahrhundert hinein keine industrielle Tradition. Lediglich im äußersten Süden des Raumes wurden seit dem 18. Jahrhundert teilweise in Raubbau primitive Stollenzechen betrieben. Auch hier schuf der Anschluß an Preußen 1815 die Voraussetzungen für eine Expansion der Schwerindustrie. Bis zur Mitte des 19. Jahrhunderts blieb der Bergbau allein der dominierende Sektor, erst dann folgte, wiederum initiiert durch den Eisenbahnbau, die Eisenindustrie. Nach 1852 setzte schließlich ein regelrechter Gründungsboom ein. Die Zahl der Bergwerks- und Hüttenunternehmen stieg sprunghaft an und vervielfachte sich in zwei Jahrzehnten. Großunternehmen in Aktiengesellschaftsform fanden Verbreitung, neue Technologien wurden genutzt und neue Absatzgebiete erschlossen.

In der Gegenüberstellung der wirtschaftlichen Entwicklung der drei wichtigsten preußischen Industrieregionen im 19. Jahrhundert hat sich gezeigt, daß deren parallele Expansion durchaus verschiedenen Mustern folgte. Die gewerblichen Traditionen aller drei Regionen waren höchst unterschiedlich und prägten die jeweilige Entwicklung. In Oberschlesien spielten die Eigentumsverhältnisse, durch welche die feudalen Magnaten starken Einfluß auf die Entwicklung ausübten, eine große Rolle und bewirkten ein langes Festhalten an vormodernen Produktionsformen und althergebrachten Techniken. Auch an der Saar begrenzte die Finanzkraft der traditionellen Eisenindustriellen die Expansionsgeschwindigkeit, und der fiskalische Bergbau verfolgte nicht nur rein ökonomische Interessen. Lediglich im Ruhrgebiet entfielen diese traditionsverursachten Zwänge und Barrieren: Eine ungehinderte Expansion konnte sich durchsetzen.

Dies spiegelte sich in den Positionen der drei Reviere wider: Die Ruhr übernahm schnell die Führung, Oberschlesien folgte mühsam, und die Saar wurde bald abgehängt. Das hatte mit den unterschiedlichen Standortbedingungen, den Produktionskosten und den Produktqualitäten zu tun, alles Faktoren, die das Ruhrgebiet eindeutig bevorzugten. Hier herrschten hinsichtlich der Produktions- und Absatzverhältnisse der Industrie nahezu ideale Voraussetzungen, die den einzigartigen Aufstieg des Reviers zur führenden europäischen Industrieregion erleichterten.

Diese kleinräumig orientierte vergleichende Darstellung regionaler Industrialisierungsprozesse läßt sich beliebig ausdehnen. Weitere europäische Montanreviere lassen sich einbeziehen oder ergänzen durch von anderen Branchen geprägte Industrieregionen, wie die Textilgebiete Schlesiens oder des Rheinlands. Auch ließe sich ein gröberes Raster anlegen, das nicht nur relativ kleine schwerindustrielle Kernregionen erfaßt, sondern zum Beispiel größere Gewerberegionen wie Gesamtschlesien mit dem rheinisch-westfälischen, dem sächsisch-mitteldeutschen und dem fränkisch-schwäbischen Wirtschaftsraum in Beziehung setzt. Definition der Region, Auswahl der Entwicklungsindikatoren und Erklärung der Entwicklungsunterschiede bleiben aber in jedem Fall die wichtigsten Elemente des regionalen Ansatzes in der Industrialisierungsforschung.

Ökonomische Potenzen
der deutschen Industrialisierung

Gleichgültig ob man Industrialisierung global oder als Prozeß miteinander verkoppelter regionaler Entwicklungen betrachtet, bleibt die Frage zentral, welche zusätzlichen ökonomischen Ressourcen für eine Beschleunigung des wirtschaftlichen Wachstums in einer Gesellschaft mobilisiert werden können. Neue ökonomische Potenzen waren nötig, um Wirtschaftswachstum zu generieren und um es aufrechtzuerhalten. Hierbei spielten die natürlichen Gegebenheiten und die bereits eingesetzten Produktionsfaktoren eine entscheidende Rolle, wobei die *Landwirtschaft* in der vormodernen Welt dominierte. Die Veränderungen der Agrarverfassung im Zuge der Agrarreformen wurden bereits erwähnt, und die Folge der damit verbundenen Mobilisierung der landwirtschaftlichen Ressourcen war zweifellos eine starke Expansion der landwirtschaftlichen Produktion und Produktivität. Eine Produktionsstatistik der deutschen Landwirtschaft gibt es erst im späten 19. Jahrhundert, weshalb man für die frühe Zeit auf verstreute Daten und Schätzungen angewiesen ist. Aus diesen Angaben wird deutlich, daß der Aufschwung der Agrarproduktion in Preußen und Deutschland im frühen 19. Jahrhundert überwiegend durch die Zunahme der landwirtschaftlichen Nutzfläche und zum Teil des Arbeitseinsatzes und nur in geringerem Maße durch eine Zunahme der Produktivität ermöglicht wurde. Die insgesamt moderate Umverteilung des Bodens zwischen Grundherren und Bauern im Rahmen der Agrarreformen war demnach weniger bedeutend als die Ausweitung der verfügbaren Ackerfläche durch die Bebauung von Weiden und Ödland:

Tabelle 19: Bodennutzung in Preußen 1815 und 1864 (in %) [53]

Jahr	Acker und Garten	Wiese und Weide	Wald	Umland und Ödland
1815	26,5	19,0	14,3	40,3
1864	51,4	17,9	24,6	7,1

Zudem vergrößerte der Übergang zu neuen Anbauformen, die auf periodisch wiederkehrende Brachzeiten des Bodens verzichteten, rein rechnerisch die Anbaufläche. Der Arbeitseinsatz in der Landwirtschaft wurde ebenfalls gesteigert, weil einerseits die Bauern im Eigenbetrieb ihre Arbeitsintensität erhöhten und andererseits im Rahmen der nunmehr kapitalistisch betriebenen Gutswirtschaft die Zahl der Landarbeiter deutlich anwuchs:

Tabelle 20: Index der landwirtschaftlichen Produktion 1800/10–1896/1900 (1800/10=100) und landwirtschaftlich Beschäftigte in Deutschland 1800–1907 (in 1000) [54]

Zeitraum	Index der Agrarproduktion auf Getreidewertbasis	Jahr	landwirtschaftlich Beschäftigte
1800/10	100	1800	9500
1811/20	104	1804	9550
1821/25	123	1816	9530
1826/30	111	1825	10100
1831/35	155	1830	10300
1836/40	168	1834	10600
1841/45	184	1840	11060
1846/50	199	1843	11300
1851/55	200	1846	11372
1856/60	218	1849	11477
1861/65	248	1852	11375
1865/70	257	1855	11267
1871/75	274	1858	10946
1876/80	294	1861	11268
1881/85	292	1864	9753
1886/90	308	1867	9688
1891/95	327	1871	9690
1896/1900	362	1882	10530
		1895	10117
		1900	11400
		1907	12684

Auch die interne Kapitalbildung in der Landwirtschaft muß beachtlich gewesen sein, doch blieben die Fortschritte der Mechanisierung in der ersten Jahrhunderthälfte noch sehr bescheiden, so daß die notwendigen Kapitalerfordernisse gering zu veranschlagen sind. Viel bedeutender waren Maßnahmen zur Intensivierung von Ackerbau und Viehzucht. Im Pflanzenanbau führte die verbesserte Dreifelderwirtschaft zu höheren Erträgen, neue Pflanzen wurden angebaut und bekannte durch Züchtung verbessert; wegen zunehmender Stallfütterung des Viehs erhöhte sich der Düngeranfall, der ebenfalls zur Steigerung der Bodenerträge beitrug. Darüber hinaus konnten in der Tierhaltung Fortschritte durch gezielte Züchtung und verbesserte Fütterung erzielt werden. Die Landtechnik wurde in Maßen modernisiert: Neue Pflüge, Eggen, Maschinen zum Dreschen und Säen hielten Einzug. Verbesserte Möglichkeiten des Betriebs agrarischer Nebengewerbe, wie z. B. Brauereien, Schnapsbrennereien und Zuckerrübenfabriken ergaben sich, kurzum: Die Landwirtschaft bot alles andere als ein Bild der Stagnation, wenngleich ihr Expansionsprozeß nicht störungsfrei ablief.

Die Agrarkonjunktur hatte natürlich in einer vorindustriellen Gesellschaft entscheidenden Einfluß auf die allgemeine Wirtschaftslage. Die landwirtschaftliche Produktion war in extremer Weise außerdem von nichtökonomischen Faktoren (Wetter, Krieg etc.) abhängig, und geringe Schwankungen der realen Produktion schlugen sich wegen der relativ stabilen Nachfrage leicht in wilden Preisschwankungen nieder, zumal ein interregionaler Marktausgleich durch fehlende Transportmöglichkeiten erschwert wurde.

Zu bemerken bleibt jedoch, daß in der Agrargeschichtsschreibung immer dann von einer Agrarkrise die Rede ist, wenn niedrige Agrarpreise vorliegen – aus der Sicht der Landwirtschaft verständlich, für die Verbraucher jedoch positiv. Anders ist es in allgemeinen Wirtschaftskrisen, zum Beispiel 1847/48, wenn wegen Mißernten die Agrarpreise hoch sind und die Verbraucher einen Mangel, zum Teil sogar Hunger erleiden müssen.

Das frühe 19. Jahrhundert, und besonders die Zeit nach den napoleonischen Kriegen, bildete für die deutsche Landwirtschaft eine Krisenzeit. Zunächst drückten die fehlenden Exportmöglichkeiten nach England auf die Preise, dann führten die guten Ernten 1819 bis 1821 zur Überproduktion und zum dramatischen Preisverfall. Erst Anfang der 1830er Jahre konnte die Agrardepression der 20er Jahre überwunden werden; es begannen »goldene« Jahrzehnte für die deutsche Landwirtschaft, in denen, unterbrochen von kurzfristigen Erntezyklen, langfristig die in- und ausländische Nachfrage nach deutschen Agrarprodukten parallel zur deutlich gesteigerten landwirtschaftlichen Produktion wuchs. Diese Konstellation endete in den 1860er Jahren, als überseeische Anbieter mit ihren überlegenen natürlichen Produktionsbedingungen aufgrund nunmehr möglicher Massentransporte auf die internationalen Märkte drängten. Damit begann für die deutsche Landwirtschaft eine langandauernde Depression, der mit protektionistischen Maßnahmen entgegengewirkt wurde.

Inwieweit das der industriellen Expansion vorausgehende Wachstum der Landwirtschaft die Industrialisierung in Deutschland gefördert hat, ist umstritten. *Friedrich-Wilhelm Henning* hat mehrfach vor einer Überschätzung der Entwicklungsbeiträge der Landwirtschaft zur Industrialisierung Deutschlands gewarnt: Eine »Agrarrevolution« gar als Voraussetzung zur Industriellen Revolution habe es hier niemals gegeben. Die Agrarreformen hätten vor allem die hemmenden Bindungen des Feudalsystems gelöst, nicht mehr, aber auch nicht weniger. Entscheidende, direkte Entwicklungsbeiträge für den industriellen Sektor hätten sich daraus nicht ergeben.

Dennoch sollte nicht unerwähnt bleiben, daß die Reorganisation und Expansion der deutschen Landwirtschaft im frühen 19. Jahrhundert Wirkungen zeigte, die direkt und indirekt der allgemeinen ökonomischen Expansion und damit dem industriellen Wachstum förderlich waren. Die landwirtschaftliche Kapitalbildung war beachtlich, und da nur ein Teil dieser Kapitalien zur Finanzierung von Investitionen benötigt wurde, kann man davon ausgehen, daß nennenswerte Teile des Kapitalmarktes durch die Landwirtschaft refinanziert wurden, obwohl es kaum Hinweise darauf gibt, daß etwa die Ablösungszahlungen direkt in Industrieanlagen investiert wurden. Auch die enorme Expansion des ländlichen Arbeitspotentials trug zum strukturellen Ungleichgewicht auf dem entstehenden interregionalen Arbeitsmarkt bei, bedingte einen Lohndruck und ermöglichte nach 1850 eine leichte Rekrutierung industrieller Arbeitskräfte.

Die Zunahme der landwirtschaftlichen Einkommen spielte zudem für die Entfaltung der Massenkaufkraft bezüglich industrieller Produkte eine wichtige Rolle – die Landwirtschaft blieb bis in die 50er Jahre der Hauptnachfrager etwa nach Produkten der Eisenindustrie. Aber auch für die Produkte der Textil-, insbesondere der Baumwollindustrie stellten die ländlichen Haushalte einen großen Teil der Nachfrager. Die Agrarexporte der ersten Hälfte des 19. Jahrhunderts hatten zudem positive Wirkungen auf die Handelsbilanz. Sie ermöglichten den Import der für die Industrialisierung so wichtigen Roh- und Halbstoffe (Baumwolle, Roheisen) ebenso wie von Technologien und Maschinen. Insgesamt kann ein positiver Effekt der landwirtschaftlichen Expansion auf das industrielle Wachstum in Deutschland nicht geleugnet werden, wenngleich eine genauere quantitative Bestimmung dieses Effektes nur schwer möglich erscheint.

Die Arbeitsfähigkeit der Bevölkerung stellt eine weitere wichtige ökonomische Ressource dar, und die deutsche Bevölkerung war im 19. Jahrhundert deutlich gewachsen:

Tabelle 21: Bevölkerung im Deutschen Bund 1817–1871 und im Deutschen Reich 1871–1910 (in 1000) [55]

Jahr	Anzahl der Personen (Deutscher Bund)	Jahr	Anzahl der Personen (Deutsches Reich)
1817	23 759	1871	41 058
1825	26 533	1875	42 727
1831	28 261	1880	45 234
1837	29 974	1885	46 855
1843	32 229	1890	49 428
1849	34 562	1895	52 279
1855	34 581	1900	56 367
1861	36 604	1905	60 641
1867	38 594	1910	64 926
1871	39 478	1913	66 164

Die Verdreifachung der deutschen Bevölkerung im Laufe nur eines Jahrhunderts konnte nicht ohne Konsequenzen für die Wirtschaftsweise bleiben. Grundsätzlich ist das Verhältnis zwischen Bevölkerung und Wirtschaft ambivalent: Einerseits erhöht eine wachsende Bevölkerung prinzipiell die zur Verfügung stehenden produktiven Inputs in Form menschlicher Arbeitskraft, andererseits erhöhen sich damit zugleich die Ansprüche an die Wirtschaft. Aufzucht und Erziehung müssen finanziert, zusätzliche Esser ernährt werden. Je ärmer eine Gesellschaft ist, um so fühlbarer sind diese zusätzlichen Kosten für die übrige Bevölkerung und um so geringer ist der zusätzliche Ertrag einer weiteren Arbeitskraft. Deshalb hängt die ökonomische Bewertung des Bevölkerungswachstums vom bereits erreichten Entwicklungsniveau der Wirtschaft ab, und es ist kein Geheimnis, daß in der klassischen Bevölkerungstheorie von *Thomas R. Malthus* die negativen Einschätzungen überwogen.

Die Ursache dieses exorbitanten Bevölkerungswachstums in Deutschland lag in der Veränderung des generativen Verhaltens der Bevölkerung. Sinkende Sterberaten bei zunächst stabilen bzw. tendenziell leicht steigenden Geburtenraten erhöhten den Geburtenüberschuß, ließen die Bevölkerung anwachsen und schufen durch die damit einhergehende Verjüngung der Bevölkerung wiederum, wenn auch zeitlich verzögert, einen Druck zu weiterem Bevölkerungswachstum – ein Zusammenhang, der bereits an anderer Stelle unter dem Stichwort »demographischer Übergang« behandelt wurde. Die überseeische Auswanderung aus Deutschland, die bereits in den frühen 50er und späten 60er Jahren erste Höhepunkte erreichte, trug zur Entlastung bei. Trotz der manchmal jährlich mehrere hunderttausend umfassenden Auswanderungen blieb das Bevölkerungswachstum jedoch ungebremst.

Der Zusammenhang zwischen Beschäftigung und Bevölkerung ist jedoch kein unmittelbarer, sondern Bevölkerungsdichte und -struktur haben einen ausschlaggebenden Einfluß auf den Umfang der Beschäftigung, d. h. auf den Umfang, in dem die Ressource Arbeit in einer Gesellschaft genutzt wird. Große Bevölkerungen setzen ein intensives Maß der Nutzung dieser Ressource voraus, sonst droht Armut. Die klassischen Autoren waren sich darin einig, daß bei stark wachsender Bevölkerung die Verarmung der Gesellschaft eine unausweichliche Konsequenz war. Die tatsächliche Entwicklung in den Industriestaaten hat diese pessimistische Zukunftserwartung nicht bestätigt. Doch die Beziehung zwischen Bevölkerung und Beschäftigung enthält auch ein qualitatives, ein Strukturproblem. Die verfügbaren Arbeitsmöglichkeiten müssen für die wachsende Bevölkerung »passen«, d. h. die Menschen müssen in der Lage sein, die entsprechenden Arbeitsverrichtungen zu vollziehen. Dies ist aber selten der Fall, und die Abhängigkeit der Beschäftigungssuchenden von den Arbeitsmöglichkeiten und umgekehrt hat schon in der frühen Industrialisierung schmerzhafte Anpassungsprozesse erforderlich gemacht. Hierbei spielt der Arbeitsmarkt eine besondere Rolle, der als für die meisten Beschäftigten relativ neue Institution im 19. Jahrhundert in Deutschland umfassend etabliert wurde. Dies erfolgte in einem langwierigen und komplexen Prozeß der Entstehung und Ausbreitung von Lohnarbeit, als Durchsetzung marktwirtschaftlicher Verhältnisse im Bereich der gesellschaftlichen Arbeit.

Natürlich hat es bestimmte Formen freier Lohnarbeit schon zuvor gegeben, doch im Zuge der Industrialisierung wurde die Lohnarbeiterschaft schließlich zur bedeutendsten Gruppe der Beschäftigten und marktvermittelte Erwerbstätigkeit zum dominanten Signum gesellschaftlicher Arbeit. Neben dem Bevölkerungswachstum trugen die Freisetzung der feudal gebundenen ländlichen Arbeitskräfte, die Krise des Handwerks, das Wachstum der Fabrikindustrie, die Einbeziehung von Frauen und Kindern in außerhäusliche Erwerbstätigkeiten und vieles Weitere zu diesem Prozeß bei. Als Ergebnis dieser tiefgreifenden Umwälzungen zeigte sich im Erwerbssystem einerseits ein wachsendes Ungleichgewicht, eine zunehmende Überbevölkerung, die zunächst noch wegen Mangel an anderen Möglichkeiten auf dem Lande festgehalten, dann aber durch Abwanderung in die Städte zur Basis des städtischen Proletariats wurde oder nach Übersee auswanderte. Lohnarbeiter fanden sich zunächst in den Fabriken und Bergwerken, später auch in der Landwirtschaft und in allen Branchen und Sektoren der Volkswirtschaft. Ihre Zahl wuchs von nur etwa 85 000 im Jahre 1800 auf mehr als eine Million Personen bereits im Jahre 1848, also vor dem eigentlichen Durchbruch der Industrialisierung in Deutschland.

Vor 1850 wuchs die Zahl der potentiellen Erwerbstätigen freilich weit schneller als die Zahl der verfügbaren Arbeitsplätze: Das Wachstum des Arbeitspotentials stand in einem krassen Mißverhältnis zum Wachstum des Arbeitsangebotes, wie *Wolfgang Köllmann* verdeutlicht hat. Entsprechend groß war die Unterbeschäftigung, die industrielle Reservearmee, wie *Karl Marx* sagte, die sich wegen der unvollständigen Herausbildung von Arbeitsmärkten jedoch nicht in allgemeiner Arbeitslosigkeit, sondern weitgehend in der Abwertung traditioneller Erwerbsstellen, im Pauperismus äußerte. Unterbeschäftigung und Armut prägten die Situation: Fallende Reallöhne, lange Arbeitszeiten und Unstetigkeit der Beschäftigungsverhältnisse bestimmten den Alltag der Lohnarbeiter.

Allerdings muß darauf hingewiesen werden, daß dies kein Prozeß war, der alle Beschäftigten in gleicher Weise betraf, was *Jürgen Kocka* eindrucksvoll belegt. Im gewerblichen Bereich lassen sich deutlich abgrenzbare Beschäftigungssegmente unterscheiden, wie z. B. für Handwerksgesellen, Fabrikarbeiter, Berg- und Hüttenmänner, Heimgewerbetreibende, Tagelöhner und Gesinde, die sich hinsichtlich von Arbeits- und Einkommensverhältnissen deutlich unterscheiden. Diese verschiedenen Beschäftigtengruppen waren außerdem ungleichmäßig auf die Gewerbezweige verteilt, und diese hatten wiederum unterschiedliche regionale Schwerpunkte, so daß die Arbeitsmärkte und das Beschäftigungssystem in vielfältiger Weise differenziert waren.

Erst mit dem Durchbruch zur Industriewirtschaft und dem verstärkten wirtschaftlichen Wachstum wurde in der zweiten Hälfte des 19. Jahrhunderts das strukturelle Ungleichgewicht auf dem Arbeitsmarkt beseitigt: Neue Arbeitsmöglichkeiten wurden geschaffen, die Überseeauswanderung wurde immer weniger nötig und endete schließlich. Steigende Realeinkommen, sinkende Arbeitszeiten und eine Verstetigung der Beschäftigungsverhältnisse bestimmten das Bild! Die Industrie hat demnach das Massenelend nicht begründet, sie hat es beseitigt. Einige langfristige Tendenzen dieser Entwicklung werden durch Abbildung 4 verdeutlicht.[56]

Abb. 4: Die Wohlfahrtsentwicklung in Deutschland seit der Mitte des 19. Jahrhunderts: Einkommen, Arbeitszeit, Arbeitslosigkeit

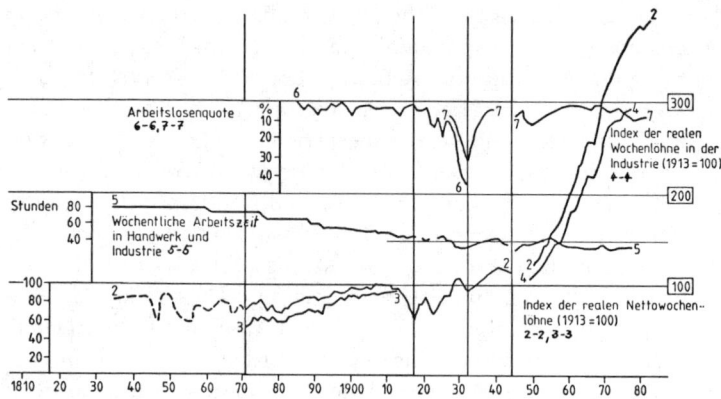

Nach zyklischen Ausschlägen und einer langfristigen Tendenz zur Stagnation beginnen die Reallöhne seit den 1870er Jahren deutlich zu steigen. Zugleich läßt sich ein Absinken der wöchentlichen Durchschnittsarbeitszeit beobachten. Die Arbeitslosenquoten seit den 1880er Jahren signalisieren bei starken kurzfristigen Ausschlägen langfristig relativ stabile Beschäftigungsverhältnisse.

Industrialisierung setzt aber auch steigende Kapitalbildung voraus, wie überhaupt der Zusammenhang zwischen Kapitalbildung (Investitionen) und dem Wirtschaftswachstum *den* zentralen Tatbestand kapitalistischer Entwicklung umschreibt. Schätzungen über den Umfang der Nettoinvestitionen in Deutschland liegen mit den Hoffmannschen Daten erst ab der Mitte des 19. Jahrhunderts vor. Für die davor liegende Zeit gibt es eine grobe Schätzung von *Richard H. Tilly* für Preußen. Demnach betrug der Anteil der Investitionen in Industrie und Transportwesen 1816–18 an den preußischen Nettoinvestitionen insgesamt nur knapp 8 %, während dieser Anteil bis 1840–49 wegen des Eisenbahnbaus auf 38 % anstieg. Die Investitionsquote der gesamten Volkswirtschaft nach 1850 ist in Tabelle 22 dargestellt.

Tabelle 22: Investitionsquote in Deutschland
1850/54 – 1910/13 (in %)[57]

Periode	Investitionsquote (in laufenden Preisen)	Periode	Investitionsquote (in laufenden Preisen)
1850/54	9,8	1885/89	11,5
1855/59	8,1	1890/94	11,8
1860/64	12,1	1895/99	14,8
1865/69	9,9	1900/04	13,9
1870/74	14,1	1905/09	15,3
1875/79	11,0	1910/13	15,2
1880/85	9,3		

Der Anstieg der Investitionsquote wurde ermöglicht durch einen Rückgang des Anteils des privaten Verbrauchs am Sozialprodukt, der die steigende Sparfähigkeit einer reicher gewordenen Gesellschaft widerspiegelt. Damit ist natürlich noch nichts über die Verteilung gesagt, die im Laufe des Jahrhunderts eher ungleichmäßiger geworden ist. Festzuhalten bleibt, daß innerhalb der gesamtwirtschaftlichen Kapitalbildung die Investitionen in Gewerbe und Industrie nicht überschätzt werden dürfen. Vor 1850 machten sie, wie für Preußen gesehen, nur einen Bruchteil aus. Lange dominierten noch Investitionen in Landwirtschaft und Gebäude, und erst am Ende des Jahrhunderts wurden die Anlageinvestitionen zum bedeutendsten Bestandteil der Kapitalbildung.

Trotz des absolut bescheidenen Umfangs der industriellen Investitionen war es anfangs nicht leicht, die Industrialisierung zu finanzieren. *Knut Borchardt* wies darauf hin, daß trotz reichlich vorhandenen Geldkapitals die frühindustriellen Unternehmer Schwierigkeiten bei der Kapitalmobilisierung hatten. Ursachen dafür waren die objektiv großen Risiken von Industrieinvestitionen in dieser Frühzeit sowie Restriktionen und Imperfektionen im Kapitalmarkt. Diese wurden dann im Zuge der Industrialisierung nach und nach behoben, insbesondere durch den Ausbau des Bank- und Börsenwesens in Deutschland und durch die Nutzung der Aktiengesellschaftsform für Industrieunternehmen. Langfristig stellte also die Kapitalbildung in Deutschland kein Problem für die Industrialisierung dar: Am Ende des Jahrhunderts erlaubte es der gewachsene nationale Wohlstand sogar, beachtliche Kapitalien zu exportieren.

Kapitalbildung impliziert in der Regel zugleich technischen Fortschritt, denn Investitionen dienen nicht nur der Kapazitätserweiterung im Rahmen einer gegebenen Technologie, sondern werden zumeist für technische Neuerungen genutzt. Mit *Joachim Radkau* kann man dabei durchaus von einem eigenen »Stil« der Techniknutzung in der deutschen Industrialisierung sprechen, denn trotz aller Zwänge internationaler Arbeitsteilung und Konkurrenz bleibt Technik immer auch gesellschaftlich vermittelt und gibt Raum für nationale Eigenarten.

Die ersten Textilmaschinen fanden bereits am Ende des 18. Jahrhunderts von England den Weg nach Deutschland. 1781 wurde ein erster Baumwollspinnereibetrieb mit Maschinen in Berlin eröffnet, ein Jahr zuvor soll schon eine solche Maschine in Augsburg in Betrieb gewesen sein. 1784 wurde in Ratingen im Rheinland eine vollmechanisierte Baumwollspinnerei errichtet. Sie war die erste derartige Fabrik außerhalb Englands und zunächst nur mit Hilfe englischer Experten zu betreiben. Das Wollspinnen wurde auf die gleiche Weise mechanisiert, erstmals 1799 in Sachsen, und ähnliche Versuche zeigen sich ab 1806 beim Flachsspinnen. Das Weben wurde weiterhin von Hand betrieben und, ähnlich wie auf der britischen Insel, mit zeitlich deutlicher Verzögerung mechanisiert. Hinsichtlich der Nutzung neuer Technologien in der Textilindustrie beschränkte man sich in Deutschland weitgehend auf die Übernahme und Nachahmung des englischen Vorbilds. Eigene Wege wurden nicht bestritten.

In der Eisenindustrie war das ganz anders. Hier benutzte man zwar ebenfalls britische Vorbilder, wie die Roheisenherstellung mittels Steinkohle, die Abraham Darby bereits 1709 erstmals gelungen war, und die von *Henry Cort* entwickelte Herstellung von Schmiedeeisen mittels Puddeln und Walzen. Doch waren die ersten Versuche in Deutschland nicht sehr erfolgreich, wie entsprechende Probeschmelzungen 1765–67 in Sulzbach an der Saar und 1789 in der staatlichen Friedrichshütte in Oberschlesien bewiesen. Ein Erfolg stellte sich erst 1894–96 in der staatlichen Hütte Gleiwitz ein, nach wenig geglückten staatlich initiierten Bemühungen in Malapane (1791/92). Ökonomischer Erfolg war damit hingegen noch lange nicht gewährleistet.

In Deutschland wählte man daher den Weg einer Teilmodernisierung der Eisenindustrie (*Fremdling*)[58], indem man neue Techniken mit alten kombinierte, etwa moderne Wiedererhitzer an Holzkohlehochöfen anbaute, oder nur Teilprozesse der modernen Steinkohletechnik nutzte, zum Beispiel Koksroheisen unter Verzicht auf den Bau moderner Hochöfen importierte und dieses dann mit dem modernen Puddel- und Walzverfahren weiterverarbeitete. Auf diese Weise ließen sich die traditionellen Produktionskapazitäten in optimaler Weise nutzen und später über den Weg der Importsubstitution auch die übrigen Produktionsbereiche modernisieren. Bereits 1816 und 1817 lassen sich frühe, noch fehlgeschlagene Versuche zur Einführung des Puddelverfahrens belegen, ehe 1820–26 die Gebrüder Remy auf dem Rasselstein erfolgreich waren. Andere (Hoesch, Harkort u. a.) folgten kurz danach, und bis 1830 war das Verfahren in ganz Deutschland verbreitet, während der erste Kokshochofen im Ruhrgebiet erst 1849 angeblasen wurde. Die neuen Verfahren der Flußstahlgewinnung (Bessemer 1855) wurden in England und Deutschland nahezu zeitgleich eingeführt, und insbesondere das Thomas-Verfahren (1878) brachte für Deutschland Vorteile wegen der dort vorfindbaren Eisenerze. Darüber hinaus waren deutsche Erfinder führend an der Entwicklung des Siemens-Martin-Verfahrens beteiligt. Der Steinkohlenbergbau, der bereits vor 1850 den Weg zu Tiefbauzechen und Großschachtanlagen eingeschlagen hatte, baute zum einen auf traditionellen bergmännischen Techniken auf und folgte zum anderen englischen Vorbildern. Zum Teil entwickelte er außerdem eigene technische Problemlösungen. Waren es in der ersten Phase der Expansion die Probleme des Schachtabteufens, der Wasserhaltung, Wetterführung und Förderung, die das Feld beherrschten, so traten später Fragen der Aufbereitung der Rohkohle, der Koksgewinnung und der Herstellung von Nebenprodukten hinzu. Bei allen diesen Bemühungen waren die deutschen Bergbauunternehmen, vor allem die Zechen an der Ruhr, führend beteiligt und standen hinsichtlich ihrer Modernität hinter keinem ausländischen Konkurrenten zurück.

Für den deutschen Maschinenbau im 19. Jahrhundert gilt dies allerdings nicht. Die wichtigste krafterzeugende Maschine der Industriellen Revolution, die Dampfmaschine, war gänzlich ohne deutsche Beiträge entwickelt worden und mußte wie die meisten übrigen Maschinen der frühen Industrialisierung aus dem Ausland importiert werden. Die Verbreitung der Dampfmaschinen in Deutschland bietet daher ein lehrreiches Beispiel der Adaption und Diffusion einer neuen, bis dahin völlig unbekannten Technologie. So fand sie seit dem Ende des 18. Jahrhunderts schnell in zahlreichen Wirtschaftszweigen Verbreitung und wurde alsbald in Deutschland nachgebaut und weiterentwickelt. Ähnlich war es bei den Lokomotiven für den Eisenbahnverkehr: Auch diese stammten bereits zehn Jahre nach ihrer Einführung aus heimischer Produktion.

Insgesamt ist der Maschinenbau durch äußerste Heterogenität seiner Produkte gekennzeichnet; neben Lokomotiven und Dampfmaschinen wurden in der Frühzeit vor allem Textil- und Landmaschinen sowie eine breite Palette von Werkzeugmaschinen angeboten. Gerade die letzteren waren während der Industrialisierung von entscheidender Bedeutung, bildeten sie doch die Voraussetzung zum Bau sämtlicher übrigen Maschinen. So ermöglichten etwa Präzisionsbohrmaschine und Drehbank erst die Herstellung leistungsfähiger Dampfmaschinen und Lokomotiven. In Deutschland waren es neben einigen wenigen Großbetrieben, die sich in der zweiten Hälfte des Jahrhunderts aus bescheidenen Anfängen entwickelten, vor allem Klein- und Mittelbetriebe, die das Erscheinungsbild des Maschinenbaus prägten. Zählte man laut Henning 1852 in Preußen 180 Maschinenfabriken, so stieg deren Zahl bis 1875 bereits auf 1196, und in Preußen lagen etwa die Hälfte aller deutschen Unternehmen dieser Branche.

Gegen Ende des 19. Jahrhunderts etablierte und entwickelte sich in der deutschen chemischen Industrie eine Reihe neuer Technologien. Bei den Grundchemikalien war Deutschland bis zur Mitte des Jahrhunderts weitgehend von Importen abhängig. In der Schwefelsäureproduktion setzte sich das Kontaktverfahren, mit

Elementen des konkurrierenden Kammer-Verfahrens optimal ergänzt, endgültig durch. In der Sodaherstellung wurde das Le-Blanc-Verfahren durch das Solvay-Verfahren ersetzt. Die Chlorproduktion wurde ebenfalls auf eine neue, elektrochemische Basis gestellt. Zu diesen Verfahrensinnovationen trugen auch deutsche Unternehmen maßgeblich bei und legten so das Fundament für ihre spätere Weltgeltung. Dies galt jedoch in noch stärkerem Maße für die Farbenproduktion, die sich aus der Beschäftigung mit dem Steinkohlenteer, einem Abfallprodukt der Leuchtgas- und Koksproduktion, entwickelte. Deutsche Chemiker (Runge und Hofmann) waren von Anfang an daran beteiligt, doch der entscheidende Durchbruch gelang erst dem Hofmann-Schüler *William Henry Perkin*. Auf der Basis dieser Entdeckungen wurden in Deutschland in den 1860er Jahren in kurzer Folge zahlreiche Chemiefabriken gegründet, darunter die Vorläufer der heute noch bestehenden Großunternehmen: Ein beispielloser Aufstieg begann. Wissenschaftliche Forschung, Patentschutz und Kooperation bestimmten den Weg dieser Branche zu ihrer weltweit führenden Stellung am Beginn des 20. Jahrhunderts. Ähnlich erfolgreich, doch weniger spektakulär, vollzog sich der Aufstieg der deutschen Pharmaindustrie, die bald ebenfalls Weltgeltung erlangte.

Letztlich bleibt noch die Elektroindustrie zu erwähnen, die am Ende des Jahrhunderts neben der chemischen Industrie zu einem weiteren Führungssektor in der »zweiten« Industriellen Revolution Deutschlands wurde, als die Expansionskraft des schwerindustriellen Führungssektorkomplexes allmählich erlahmte. Hier ist vor allem die Firma Siemens zu nennen, die bereits zur Mitte des Jahrhunderts im Telegrafenwesen und nach 1870 im Bereich der Elektromotoren und elektrischer Anlagen aller Art führend war. In der AEG wuchs dem Unternehmen dann in Deutschland ein mächtiger Konkurrent heran, und ebenso verschärfte die ausländische Konkurrenz gegen Ende des Jahrhunderts den Wettbewerb.

Bis zur Mitte des Jahrhunderts dominierte die britische Wirtschaft die internationalen Märkte nahezu vollständig. Der deutsche Außenhandel spielte nur eine bescheidene Rolle; er vermittelte das Bild einer rückständigen Wirtschaft mit einem hohen

Anteil an Nahrungsmittel- und Rohstoffexporten und Importen von Halb- und Fertigwaren der Industrieproduktion. In der zweiten Hälfte des 19. Jahrhunderts änderte sich die Rolle Deutschlands in der entstehenden Weltwirtschaft jedoch dramatisch. Auf Kosten aller übrigen Industrieländer der Zeit steigerte Deutschland seinen Anteil am Export von Industriegütern von 19,3 % (1880) auf 26,6 % (1913). Ursache dafür war die besondere Exportstruktur der deutschen Wirtschaft, die vor allem jene Produkte anbot, die von expandierender Nachfrage profitieren konnten. Die größten Erfolge wurden auf den benachbarten Märkten im Südosten und Osten Europas erzielt und machten Deutschland am Ende des 19. Jahrhunderts zu einer der führenden Exportnationen.

Diese Entwicklung beeinträchtigte natürlich die Exportchancen der übrigen Industrieländer und führte vor allem zu einer wachsenden Rivalität mit England. England untersuchte daraufhin die Lage des Außenhandels und unternahm Versuche zum Selbstschutz, wie zum Beispiel eine Kennzeichnungspflicht für ausländische Industriegüter, der das bekannte *Made in Germany* seine Herkunft verdankt, ohne jedoch wie Deutschland seit 1879 im Zollschutz einen Ausweg zu suchen.

Neben dem Außenhandel spielten Kapitalanlagen im Ausland in den Außenwirtschaftsbeziehungen der Industriestaaten am Ende des 19. Jahrhunderts zunehmend eine Rolle. Auch hier dominierte noch eindeutig die britische Volkswirtschaft, gefolgt von Frankreich. Zu Beginn des 20. Jahrhunderts wurde die Summe der deutschen Auslandsanlagen auf ca. 20 Milliarden Mark geschätzt, für Frankreich auf das Doppelte und für Großbritannien auf das Vierfache. Die deutschen Kapitalanlagen im Ausland erfolgten zumeist noch durch den Kauf ausländischer Wertpapiere. Direktinvestitionen im Ausland durch deutsche Unternehmen begannen sich zu Beginn des 20. Jahrhunderts allmählich zu verbreiten.

Staat und Unternehmer
in der deutschen Industrialisierung

In der Historiographie der deutschen Industrialisierung finden sich zahlreiche Stellungnahmen, die auf eine spezielle Rolle des Staates bei der Industrialisierung Preußens und anderer deutscher Staaten hinweisen. Als besonders gelungenes Beispiel dient häufig die zollpolitische Einigung durch die Schaffung des Deutschen Zollvereins. Natürlich hat dieser, als Voraussetzung, zum beschleunigten Wirtschaftswachstum beigetragen, doch ob er die Industrialisierung aktiv gefördert hat und ob dies das erste Ziel der staatlichen Initiativen gewesen ist, ist äußerst umstritten.

Der wirtschaftliche Nutzen des Deutschen Zollvereins ist nicht leicht zu bemessen. Zwar hat *Friedrich List*, einer seiner glühendsten Verfechter, den Zollverein schon 1841 als »unermeßlichen Fortschritt« im Hinblick auf die Wirtschaftsentwicklung bezeichnet und damit erste Anstöße zu einer borussischen Legendenbildung der deutschen Einigung geboten, doch erscheint das im Lichte der Fakten zumindest als Überinterpretation. Die unmittelbaren wirtschaftlichen Folgen der zollpolitischen Einigung blieben eher gering. Erste Ansätze zu einer Expansion der gewerblichen Warenproduktion finden sich auch in Deutschland weit vor 1834. Die darniederliegende Landwirtschaft hatte sich in einer langen Agrarkonjunktur seit 1825 bereits erholt, und eine dramatische Ausweitung der innerdeutschen Handelsströme nach 1833 ist nirgends zu beobachten. Der Erfolg des Zollvereins wird in der Literatur häufig vom Ergebnis her betrachtet, welches die Gründung des Deutschen Reichs war, und daher überschätzt. Neuere Forschungen von *William O. Henderson*, *Wolfram Fischer* und anderen haben gezeigt, daß mit der Gründung des Zollvereins allenfalls ein mühsamer Entwicklungsprozeß seinen Fortgang nahm und seine positiven Wirkungen nur sehr allmählich auf das Wachstum Einfluß nahmen.

Ein durchschlagender Erfolg war der Zollverein jedoch in fiskalischer Hinsicht, was seine politische Attraktivität begründete. Es gelang den beitretenden Staaten innerhalb weniger Jahre, auch durch freundliches Entgegenkommen der preußischen Behörden, die Zolleinnahmen erheblich zu *steigern*, weil trotz Zollermäßigungen die Erhebungs- und Kontrollkosten stark sanken. Eine kostengünstigere Zollverwaltung war also der Schlüssel zum Erfolg des Deutschen Zollvereins. So war es möglich, in den Kleinstaaten die direkten Steuern gering zu halten und das Budgetrecht der Parlamente auszuhebeln. Das zeigt, daß bei einer Analyse der ökonomischen Wirkungen des Zollvereins eine komplexere Betrachtung des Zusammenhangs nötig ist. Ein enger Kausalnexus zwischen der Gründung des Zollvereins und der deutschen Industrialisierung wird hierbei nicht sichtbar.

Ähnliches gilt für die Gewerbepolitik. *Friedrich-Wilhelm Henning* hat schon früh darauf hingewiesen, daß die Einführung der Gewerbefreiheit in den verschiedenen deutschen Staaten praktisch keinen unmittelbaren Einfluß auf die Industrialisierung hatte. Daß jedoch die institutionellen Bedingungen des Wirtschaftslebens von großer Bedeutung für ihr Funktionieren sind, haben gerade allerneueste Ansätze innerhalb der ökonomischen Theorie und neuere wirtschaftshistorische Untersuchungen belegt. Nur hat sich gezeigt, daß diese institutionellen Arrangements nicht einseitig durch den Staat gesetzt werden, wie in der traditionellen Bewertung der Rolle des Staates im Industrialisierungsprozeß des 19. Jahrhunderts häufig angenommen, sondern sie verfestigen sich in einem komplexen Prozeß widerstrebender Interessen, in den natürlich der Staat mit eingebunden ist.

Dies läßt sich am besten an Beispielen zeigen, wie sie unlängst von *Clemens Wischermann* anhand einiger solcher Arrangements in der preußischen Provinz Westfalen im frühen 19. Jahrhundert untersucht wurden. Es stellt sich heraus, daß die Neuformierung einer liberalen Wirtschaftsverfassung als ein zählebiger Konflikt zwischen regionalen Gewerbeinteressen, hier etwa zwischen den sehr unterschiedlichen Interessen des Siegerländer Eisengewerbes, des Leinengewerbes Ostwestfalens und des Ruhrbergbaus, und den liberalen Ideen der preußischen Staatsbürokratie beschrieben werden kann. Diese jahrzehntelangen Auseinandersetzungen führten zu uneinheitlichen Ergebnissen. Eine modellhafte Wirtschaftsordnung liberaler Prägung konnte sich nirgendwo durchsetzen.

Eine ähnlich skeptische Einschätzung ist gegenüber der staatlichen Innovationspolitik angebracht. Hier gilt das Wirken des preußischen Staates in Oberschlesien häufig als *das* Paradebeispiel, weil er dort mit der Einführung der modernen englischen Methode der Koksverhüttung bereits am Ende des 18. Jahrhunderts voranging, ebenso wie im Bergbau mit der frühen Installation einer modernen Dampfmaschine. Doch eine genauere Betrachtung legt wiederum den Eindruck nahe, daß diese Aktivitäten praktisch keinen unmittelbaren Einfluß auf Industrialisierung und Wachstum dieser Region gehabt haben. Die Koksverhüttung wurde technisch nur mühsam beherrscht und spielte ökonomisch zu dieser Zeit noch keine Rolle. Als ein Ansteigen der Nachfrage das Verfahren schließlich interessant machte, wurde es in privaten Werken sogleich genutzt, und zwar durchaus ohne staatliche Vorleistungen, wie das Beispiel anderer Montanreviere zeigt. Ähnlich war es bei der Verbreitung der Dampfmaschine. Technische Innovationen werden danach durch ganz andere Impulse und Mechanismen genutzt und verbreitet als durch staatliche Technologiepolitik, deren Ziele durchaus auch widersprüchlich sein können, wie *Eric D. Brose* gezeigt hat. Deren Mißerfolge sind zahlreich, wenngleich positive Effekte nicht ignoriert werden können. Wenn nun aber die Rolle des Staates im Industrialisierungsprozeß des 19. Jahrhunderts allenfalls eine begleitende und unterstützende gewesen ist, wer hat dann diese machtvolle Entwicklung zustandegebracht und am Leben erhalten? Die Antwort auf diese Frage scheint eindeutig: Es war die private Unternehmertätigkeit, der »Unternehmer«, wie er ein wenig mystifizierend bereits von *Fritz Redlich* skizziert wurde. Das Zeitalter der modernen Industrie erscheint daher ebenso als das Zeitalter des Unternehmers; wie sich im Zuge der Industrialisierung eine neue Wirtschaftsweise etablierte, so trat auch dieser neue Sozialtypus in das Blickfeld.

Natürlich lassen sich zahlreiche Vorläufer finden, doch wesentliche strategische Entscheidungen über den Einsatz einer großen Zahl von Arbeitern mit beachtlichem Kapitalaufwand, und zwar im Rahmen einer neuen Technologie und Marktverflechtung, wurden bis dahin niemals von zahlreichen Einzelpersonen zugleich eingefordert. Dieser Typus des Entscheidungsträgers findet sich erstmals in England und erst später, der Verbreitung der neuen Wirtschaftsweise entsprechend, auch auf dem Kontinent. Die industriellen Unternehmer kamen natürlich nicht von irgendwo her, sondern entstammten zumeist dem Kreis der vorindustriellen Wirtschaftselite, weil kaufmännische Erfahrungen, Reichtum und Kontakte einer modernen Unternehmerkarriere selbstverständlich förderlich waren.

Einen »Typus« des industriellen Unternehmers zu bestimmen fällt jedoch schwer, weil sein Erscheinungsbild nicht nur durch die Anforderungen seiner Unternehmertätigkeit geprägt, sondern außerdem durch Eigenarten der Herkunftsregion, der Branche und der Zeitperioden beeinflußt wurde. In der frühindustriellen Phase in Deutschland waren es zunächst vor allem Kaufleute, die ihren Geschäftsbereich mehr und mehr in den gewerblichen Bereich, und hier anfangs hauptsächlich in die Textil- und Metallindustrie verlagerten. Daneben kamen zahlreiche Unternehmen aus den traditionellen Gewerbezweigen selbst. Insgesamt läßt sich festhalten, daß sie überwiegend Familien der Mittel- und Oberschicht entstammten.

Mit dem Fortschreiten der Industrialisierung und dem Wachsen der Unternehmensgröße trat dann notwendigerweise der industrielle Unternehmer in den Mittelpunkt und verdrängte die bis dahin dominierenden Kaufleute und Bankiers. Diese Industriellen konzentrierten sich naturgemäß in den aufstrebenden Industrieregionen, sie stammten zumeist von selbständigen Gewerbetreibenden ab, verfügten über eine beachtliche Schulbildung, häufig über praktische, teilweise im Ausland erworbene Berufserfahrungen; Merkmale, die ein außerordentlich hohes Maß an Selbstrekrutierung innerhalb der unternehmerischen Führungsgruppe bestätigen.

Mit dem Wachstum der Großunternehmen stiegen die Anforderungen an die Führungskräfte; die »Manager« wurden zunehmend wichtiger. Auch dieser Typus findet seit der Mitte des 19. Jahrhunderts in der deutschen Industrie Verbreitung, zunächst zum Teil gewonnen aus der preußischen Bergbauverwaltung als hervorragend ausgebildete Bergassessoren in der Privatindustrie und später, nach Auf- und Ausbau eines technischen und kaufmännischen Bildungssystems, als qualifizierte Fach- und Hochschulabsolventen.

Die Industrialisierung Rußlands:
Vergebliches Mühen?

Die wirtschaftliche Entwicklung Rußlands im 19. Jahrhundert ist wegen der unzureichenden Datenlage außerordentlich schwer nachzuzeichnen. Eine Schätzung des Sozialproduktes zu verschiedenen Zeitpunkten ist daher nahezu unmöglich, zumal hinzukommt, daß die vorhandenen Daten einen sehr unterschiedlichen regionalen Bezug haben: Sie beziehen sich entweder allein auf die fünfzig europäischen Gouvernements des Reiches, auf den gesamten europäischen Teil Rußlands, d. h. einschließlich Finnlands und Polens, oder auf das gesamte Reich unter Einschluß Sibiriens. Weiter gilt es zu vergegenwärtigen, daß Rußland bereits vor dem Einsetzen der Industrialisierung einen beachtlichen gewerblichen Aufschwung erfahren hatte. Rußland war im 18. Jahrhundert wegen seiner reichen Naturschätze zum größten Roheisenproduzenten Europas aufgestiegen und exportierte große Mengen zum Beispiel nach Großbritannien. Im Verlauf der dort am Ende des 18. Jahrhunderts einsetzenden und sich über Westeuropa ausdehnenden Industrialisierung ging diese bedeutsame Stellung Rußlands jedoch verloren, und zur Mitte des 19. Jahrhunderts betrug sein Anteil an der europäischen Roheisenproduktion nur noch 4,8 % (1855).

Zwischen 1800 und 1860 stagnierte die gewerbliche Entwicklung in Rußland mehr oder weniger. Die Lage fern der großen europäischen Handelsrouten über den Atlantik, ungünstige klimatische Bedingungen und eine rückständige Staats- und Gesellschaftsverfassung trugen zum Verlust der internationalen Wettbewerbsfähigkeit ebenso bei wie kriegerische Verwicklungen, die den Staatshaushalt schwer belasteten und den Staatskredit unterminierten. Allein der Export, weniger die schwache Binnennachfrage, vermochte einige Entwicklungsimpulse zu geben. Auf dem Lande blieben der wachsenden Bevölkerung nach Zahlung von Steuern und Abgaben kaum Überschüsse aus den Verkaufserlösen landwirtschaftlicher Produkte, um damit industrielle Fertigprodukte zu erwerben. Zudem war, wie beim Roheisen, mit den wirtschaftlichen Fortschritten in Westeuropa ein wichtiger Absatzmarkt für Halb- und Fertigfabrikate verlorengegangen, und nur noch Rohstoffe wie Hanf, Flachs, Kupfer und Getreide waren nach dort absetzbar.

1850 repräsentierte das Russische Reich daher ökonomisch betrachtet einen rückständigen, durch feudale Bindungen geprägten Agrarstaat, in dem allenfalls einige Inseln mit Manufaktur-Produktion sichtbar wurden. Um 1860 fanden sich in Rußland unter seinen ca. 74 Millionen Einwohnern ganze 860 000 Arbeiter in Manufakturen, Fabriken und Hüttenwerken. Das Russische Reich blieb also weitgehend durch die Landwirtschaft charakterisiert, obwohl sich wie überall in Europa bereits seit dem 16. und 17. Jahrhundert erste Ansätze zu einer kapitalistisch-gewerblichen Expansion finden lassen. Diese Bemühungen zeigten bis zur Mitte des 19. Jahrhunderts erste Erfolge. Das mehrfach erwähnte Eisengewerbe erlangte, zum Teil unter maßgeblich ausländischer Assistenz, innerhalb der russischen Gewerbeproduktion eine führende Stellung. Aber auch andere, verbrauchernahe Gewerbezweige, etwa die Textil- und die Nahrungsmittelindustrie, expandierten beachtlich, wie man an der Zahl der Fabrikbetriebe in diesen Branchen ablesen kann. Allerdings muß der Begriff Fabrik in einer vormodernen Bedeutung verstanden werden: als zentralisierte Produktionsstätte zwar, doch weiter traditionellen Techniken und Arbeitsformen verhaftet.

Die Zahl der Fabriken insgesamt vervierfachte sich zwischen 1804 und 1860, und die der Arbeiter stieg gar auf das Fünffache an (Tab. 23). Zugleich wuchs die Produktion der Eisen- und Textilindustrie, und innerhalb der Industrien gewannen zukunftsweisende Produktionszweige an Boden: Die moderne Baumwoll- und Wollindustrie verdrängte beispielsweise das traditionelle Leinengewerbe, wie man den – allerdings lückenhaften – Zahlen in Tabelle 24 über die Entwicklung des russischen Textilgewerbes entnehmen kann.

Tabelle 23: *Anzahl der Fabriken und ihrer Arbeiter in Rußland 1804–1860*[59]

Jahr	Anzahl der Fabriken				Zahl der Arbeiter			
	Textil-industrie	Zucker-industrie	Eisen-industrie	alle Industrien	Textil-industrie	Zucker-industrie	Eisen-industrie	alle Industrien
1804	1006	10	28	2680	69742	108	4121	90379
1830	1351	57	198	5306	184333	1607	19889	252253
1860	2416	467	693	9562	303832	64763	54832	505408

Tabelle 24: *Entwicklung der russischen Textilindustrie 1804–1860*[60]

Jahr	Baumwolle			Leinen			Wolle		
	Zahl der Untern.	Beschäftigte	Produktions-wert (in 1000 Rbl.)	Zahl der Untern.	Beschäftigte	Produktions-wert (in 1000 Rbl.)	Zahl der Untern.	Beschäftigte	Produktions-wert (in 1000 Rbl.)
1804	199	8181	–	–	–	–	–	–	–
1815	430	40203	–	222	33363	–	261	51290	785
1820	–	–	–	–	–	–	304	57703	–
1825	484	47021	–	196	26832	–	–	–	–
1830	–	–	–	–	–	–	389	67241	–
1835	–	–	–	186	26801	–	–	–	–
1852	835	126500	45281	112	12450	–	657	106851	29077
1860	–	–	71117	117	17284	6103	706	120025	39024

Gleiches läßt sich aus dem Eisengewerbe berichten, in dem nach einem Einbruch zu Beginn des 20. Jahrhunderts eine langsame, doch merkliche Expansion der Produktion einsetzte, die sowohl von staatlichen als auch von privaten Werken getragen wurde (Tab. 25). So bot das russische Gewerbe Mitte des 19. Jahrhunderts ingesamt ein zwar expansives, im Vergleich zu Westeuropa aber weithin rückständiges Bild.

Tabelle 25: Produktion von Roheisen in Rußland 1800–1860 (in 1000 pud)[61]

Jahr	ingesamt	davon auf privaten Werken	davon auf staatlichen Werken
1801	10168	9208	960
1810	8761	7887	1074
1820	8229	7955	274
1830	11441	9703	1783
1840	11525	10244	1281
1850	13892	11792	2100
1860	18198	16046	2152

Die beginnende Industrialisierung in Rußland

Auch um 1875 wies das Russische Reich noch die rückständigste Wirtschaft aller größeren europäischen Staaten auf; nur im Südosten des Kontinents fanden sich den russischen vergleichbare Zustände. Abgesehen von einigen mit den adligen Grundherrschaften verbundenen und daher über das ganze Land verteilten Gewerbezweigen, die der Herstellung alltäglicher Gebrauchsgüter wie Leder, Talg, Seife, Wachs, Glas oder Kali und Pottasche dienten, gab es einige wenige, klar aus dem agrarischen Umland herausgehobene, verdichtete Gewerbe- und Industrieregionen.

Dazu zählten zur Mitte des Jahrhunderts vor allem vier Industriegebiete: Erstens der *Ural* mit seiner auf den mineralischen Lagerstätten gegründeten Hüttenindustrie, die bald eine dominierende Position gewann und relativ früh Modernisierungsversuche unternahm. So wurde dort bereits 1837, zeitgleich mit zahlreichen Bemühungen auf dem gesamten europäischen Kontinent, das Puddelverfahren erprobt. Ein großer Vorteil dieser Region war ihre billige Energie, die um 1860 noch zu 88 % aus Wasserkraft gewonnen wurde. Ein zweites frühes Industriegebiet fand sich um *Moskau*. Hier war die Baumwollindustrie beherrschend, in der um 1861 etwa 2 Millionen Spindeln, überwiegend mit Dampfkraft angetrieben, in Betrieb waren. Doch gab es im Moskauer Gebiet neben diesen Fabrikbetrieben ein zählebiges vormodernes Heimgewerbe, das ebenfalls beachtliche Mengen von Textilprodukten erzeugte. Im Süden des Reiches, in der *Ukraine*, fand sich eine stark expandierende Zuckerindustrie, die später von einem Kranz weiterer Industrien umrankt wurde. Hier wurde 1840 in einer Zuckerfabrik die erste moderne Dampfmaschine eingesetzt. Schließlich ist die Region *St. Petersburg* zu nennen, in der die dortige Maschinen- und Schiffsbauindustrie wesentlich von den Aufträgen der Admiralität abhing. Eine selbständige, an der gewerblichen Binnennachfrage orientierte Maschinenbauindustrie hatte sich noch nicht entwickeln können.

Die Ausgangslage um ca. 1860 für eine schnelle, dem westeuropäischen Vorbild nachfolgende Entwicklung Rußlands schien also schlecht. Nur allmählich entwickelte sich ein kleiner, technisch kümmerlich ausgestatteter Gewerbesektor, in dem die Dampfkraft gegenüber hydraulischen und tierischen Antriebsformen noch deutlich zurücklag. Allein die Baumwollindustrie, die aber im Gesamtzusammenhang von exzeptionellem Charakter blieb, arbeitete auf einem westlichen Verhältnissen vergleichbaren Niveau. Die übrige Wirtschaft verharrte weitestgehend in vormodernen Produktionsformen. Erst nach 1860 wurden unter anderem durch die Agrarreformen Voraussetzungen geschaffen, die eine Industrialisierung Rußlands im eigentlichen Sinne möglich machten.

Es fehlte offenbar an Voraussetzungen für eine erfolgreiche frühere Industrialisierung Rußlands. Auf die Notwendigkeit, solche Voraussetzungen zu schaffen, hat *Walt W. Rostow* in seiner Stadientheorie hingewiesen. Ihm schienen insgesamt fünf Merkmale als konstitutiv, um einen erfolgreichen Übergang von einer traditionellen zu einer modernen Gesellschaft zu gewährleisten. Dabei handelte es sich erstens um die allgemeine Verbreitung einer gewissen Fortschrittsgläubigkeit, zumindest unter den sozialen Eliten, als psychologische Voraussetzung zur Beherrschung und Gestaltung der Welt, zweitens um das Auftreten eines neuen Typus von Unternehmern mit erhöhter Risikobereitschaft und ausgeprägtem Gewinnstreben. Drittens müßten neue industrielle Sektoren aufgebaut werden, die durch Kopplungseffekte mit anderen Teilen der Wirtschaft verbunden sind. Viertens sei eine Effizienzsteigerung der nichtlandwirtschaftlichen Sektoren nötig, um so zusätzliche ökonomische Ressourcen zu mobilisieren. Schließlich seien auch Veränderungen in den sozialen Verhaltensweisen unvermeidlich, so zum Beispiel hinsichtlich des generativen Verhaltens.

Diese wenig konsistente Auflistung verschiedener Entwicklungsvoraussetzungen kann die Komplexität des Problems allenfalls illustrieren, denn es mangelt ihr – was beim Rostowschen Ansatz allgemein der Fall ist – an logischer Stringenz. Weder wird klar, warum genau diese Merkmale zu den unabdingbaren Voraussetzungen des Übergangs zu industriellem Wachstum zählen, noch wird deutlich, warum und wie dieser Übergang bewerkstelligt wird. Dennoch bleibt der Grundgedanke des Ansatzes richtig und wichtig: In jedem Land müssen als erstes die Voraussetzungen für den industriellen Aufschwung geschaffen werden.

Dieser Gedanke ist von *Simon Kuznets* aufgegriffen und weiterentwickelt worden. Er hat versucht, mit dem Konzept der »Vorbedingungen der Industrialisierung« einen ähnlichen Ansatz zu entwickeln, und sich dabei auf die ökonomischen Zusammenhänge beschränkt. Er nennt vier wesentliche ökonomische Vorbedingungen für ein überproportionales Wachstum des Industriesektors, das als entscheidendes Kriterium für die Industrialisierung gilt.

Erstens erscheint eine Erhöhung der Effizienz der nicht-industriellen Sektoren der Volkswirtschaft von entscheidender Bedeutung.

Hierdurch lassen sich bereits vorhandene ökonomische Ressourcen mobilisieren und für den Auf- und Ausbau der Industrie einsetzen. Dabei spielt die Landwirtschaft eine überragende Rolle, in der in vorindustriellen Gesellschaften häufig mehr als 80 % aller Beschäftigten tätig waren und wo der größte Teil der Wertschöpfung erfolgte. Die expansiven Effekte eines prosperierenden Agrarsektors zeigen sich vor allem in einer steigenden Nachfrage der Landwirtschaft nach Industrieprodukten und in der Freisetzung landwirtschaftlicher Arbeitskräfte für die Industrie. Derartige Effekte sind natürlich nicht auf den Agrarsektor begrenzt, ähnlich wirkt eine Erhöhung der Effizienz anderer traditioneller Sektoren, z. B. im vorindustriellen Transport- und Kommunikationswesen.

Zweitens erfordert eine erfolgreiche Industrialisierung nicht nur die effizientere Verwendung bereits vorhandener, sondern auch die Erschließung neuer, zusätzlicher Ressourcen. Dies gilt vor allem für die traditionellen volkswirtschaftlichen Produktionsfaktoren Arbeit und Kapital. Neben Freisetzungen aus der Landwirtschaft trägt das Bevölkerungswachstum zur Ausdehnung des Arbeitspotentials eines Landes bei. Ebenso wie die Quantität der verfügbaren Arbeitskräfte ist ihre verbesserte Qualität von großer Bedeutung. Dies gilt für technische Kenntnisse und Fähigkeiten der Beschäftigten sowie für ihre Einstellung hinsichtlich Werten wie Fleiß, Disziplin und Pünktlichkeit. Darüber hinaus wird eine verstärkte Bildung von Sparguthaben innerhalb der Volkswirtschaft unumgänglich, wenn ein größerer Kapitalstock akkumuliert werden soll. Neue, risikoreichere Investitionen stellen zugleich höhere Ansprüche an die Anpassungsfähigkeit und die Risikobereitschaft der Kapitaleigentümer und Unternehmer.

Drittens entscheidet natürlich der Absatz der neu entstehenden Industrien über ihren Bestand und Erfolg. Die effektive Nachfrage nach Industrieprodukten muß ausgeweitet, die Kaufkraft der Bevölkerung gestärkt werden. Dabei spielt die geschilderte Effizienzsteigerung der traditionellen Sektoren eine ganz entscheidende Rolle, weil diese wesentlich zur Steigerung der internen Nachfrage beitragen. Daneben läßt sich die externe Nachfrage des Auslandes nutzen, so daß erfolgreiche Industrialisierung häufig mit einer überproportionalen Expansion des Außenhandels verbunden ist.

Schließlich und *viertens* können sich alle geschilderten Prozesse nur dann entfalten, wenn sich Menschen finden, die die ökonomischen Abläufe innerhalb einer Volkswirtschaft neu organisieren. Strukturwandel und Wachstum einer Wirtschaft vollziehen sich niemals automatisch, quasi wie von selbst, sondern bedürfen der zielgerichteten Gestaltung durch Menschen. Derartig disponierte und orientierte Menschen müssen aber erst einmal eine Chance zu ihrer Entwicklung erhalten. Daher ist die Herausbildung einer kapitalistischen Unternehmerschaft, ebenso wie die Verbreitung der von dieser Personengruppe propagierten neuen kulturellen Verhaltensmuster, eine unverzichtbare Voraussetzung für eine erfolgreiche Industrialisierung.

Auf den ersten Blick mögen die vier genannten Vorbedingungen für den Industrialisierungsprozeß nicht viel mehr als Binsenweisheiten darstellen: Neue Ressourcen müssen verfügbar gemacht und effizienter genutzt werden, die Nachfrage muß sich erhöhen und ein neuer institutioneller Rahmen entstehen. Doch bleibt innerhalb der wirtschaftshistorischen Forschung für den jeweiligen konkreten Fall genauer zu bestimmen, in welcher Verknüpfung und in welcher Sequenz die verschiedenen Elemente wirken und welches Gewicht den einzelnen Faktoren zuzumessen ist. Hier zeigen sich durchaus Unterschiede in der Industrialisierung der europäischen Länder: War Großbritannien zum Beispiel besonders erfolgreich in der Effizienzsteigerung der Landwirtschaft, so schien etwa das Problem der französischen Wirtschaft die adäquate Anpassung der institutionellen Arrangements an die Bedürfnisse industriellen Wachstums zu sein.

Es erhebt sich also die Frage, ob von einem Muster der europäischen Industrialisierung überhaupt gesprochen werden kann oder ob die Vielfalt der vorfindbaren historischen Entwicklungen eine derartige Generalisierung verbietet. Selbst gleiche Sachverhalte können in unterschiedlichen historischen Situationen unterschiedliche ökonomische Wirkungen entfalten, ebenso wie verschiedene ökonomische Arrangements ein und demselben Zweck dienen können.

Diese und ähnliche Überlegungen haben *Alexander Gerschenkron* dazu geführt, nicht von einem unveränderlichen, fixen Muster der europäischen Industrialisierung auszugehen, sondern sich den Variationen innerhalb dieses Musters zuzuwenden. Er geht davon aus, daß gewisse, im Kuznetschen Sinne definierbare Vorbedingungen der Industrialisierung zwar gegeben sein müssen, wenn ein Land erfolgreich den Industrialisierungspfad beschreiten will, doch gibt es nicht nur ein feststehendes »Set« solcher Bedingungen, wie es zum Beispiel in Großbritannien vorhanden war, sondern variable Kombinationen von Elementen dieses »Sets«. Es sind vor allem die Substitution der ökonomischen Vorbedingungen und die daraus folgenden unterschiedlichen Muster der Industrialisierung, die die europäische Industrialisierungsgeschichte prägen. Die eigenen russischen Erfahrungen – Gerschenkron wurde 1904 in Odessa geboren und verließ Rußland 1920 – mögen ihn bei der Formulierung seiner Vorstellungen geleitet haben.

Die Industrialisierung der verschiedenen Länder Europas bietet reiches Anschauungsmaterial für die Variationen des Modells. Insbesondere ein Vergleich zwischen verschiedenen Elementen der britischen, deutschen und russischen Industrialisierung in Tabelle 26 veranschaulicht sehr gut, worin sich die ökonomische Entwicklung dieser Länder im 19. Jahrhundert unterschieden hat.

Tabelle 26: *Variationen im Muster der europäischen Industrialisierung zwischen Großbritannien, Deutschland und Rußland im 19. Jahrhundert*[62]

Element	Großbritannien	Deutschland	Rußland
Produktions-bereich	Konsumgüter	Produktions-güter	Produktions-güter
Kapital-mobilisierung	Selbstfinanzierung der Unternehmen	Banken	Staat (Haushalt)
Integration der Industrie	gering	stark	sehr stark
Wachstumsrate	mäßig (3–6%)	hoch (5–8%)	sehr hoch (6–10%)

Die britische Industrialisierung war geprägt durch das Wachstum des Konsumgüterbereichs, eine Kapitalmobilisierung durch die Unternehmen selbst, einen geringen Integrationsgrad innerhalb der Industrie und ein relativ moderates gesamtwirtschaftliches Wachstum – um nur die von Gerschenkron benannten Elemente eines Vergleichs heranzuziehen. Demgegenüber wuchs während der deutschen Industrialisierung vor allem der Produktionsgütersektor, unterstützt von einem dynamischen Bankensystem, stark integriert durch Großunternehmen, Konzerne und Kartelle, und Deutschland erzielte damit eine beachtliche gesamtwirtschaftliche Wachstumsrate. Rußland hingegen stützte sich bei seiner Industrialisierung fast ausschließlich auf den Produktionsgütersektor, durch den Staatshaushalt finanziert, kontrolliert und integriert, und erzielte so einen bemerkenswerten Wachstumserfolg.

Diese Abweichungen vom allgemeinen Modell der Industrialisierung, charakterisiert durch die Substitution von Elementen, die für einen Erfolg unabdingbar erscheinen, erfolgen nicht willkürlich, sondern sind nach Meinung *Alexander Gerschenkrons* systematisch bedingt. Sie hängen ab vom Grad der relativen Rückständigkeit. In seiner Sicht ergeben sich unabweisbare Unterschiede im Tempo und Charakter der Industrialisierung fortgeschrittener und rückständiger Länder. In den rückständigen Ländern ist es vor allem die Diskrepanz zwischen der eigenen Realität und den andernorts bereits praktizierten Möglichkeiten, die nach neuen Wegen zu einer rascheren Überwindung der Rückständigkeit suchen lassen. So läßt sich das Gerschenkronsche Modell als Variation eines einheitlichen Industrialisierungsmodells gemäß dem Grad relativer Rückständigkeit interpretieren. Ein geordnetes System schrittweiser Abweichung folgt dann diesem Muster: Je rückständiger ein Land ist,

– um so rascher muß der Industrialisierungsprozeß ablaufen,

– um so wichtiger ist der Produktionsgütersektor,

– um so größer sind die Unternehmens- und Produktionseinheiten,

– um so mehr muß der laufende Konsum zugunsten der Ersparnisbildung eingeschränkt werden,

– um so weniger wichtig werden die Wachstumsbeiträge der Landwirtschaft,

– um so wichtiger werden besondere Institutionen zur Förderung des Wachstums,

– um so größer ist die Bedeutung von Ideologien zur Rechtfertigung der Industrialisierung.

In diesem Sinne kann die Industrialisierung der europäischen Staaten als eine sukzessive Substitution fehlender Vorbedingungen interpretiert werden. Jedes dem durch England gesetzten Vorbild folgende Land hatte eine relative ökonomische Rückständigkeit auszugleichen, die zunahm, je später der Weg beschritten wurde, und besondere Industrialisierungsbemühungen zu unternehmen. Dies galt insbesondere für Rußland, das letzte Land in der Reihe der im 19. Jahrhundert eine Industrialisierung beginnenden europäischen Staaten. Die Industrialisierung Rußlands bietet deshalb ein gutes Beispiel für das Konzept einer Substitution von Vorbedingungen gemäß der Rückständigkeit eines Landes. Hier waren selbst am Ende des 19. Jahrhunderts nur wenige Voraussetzungen für eine erfolgreiche Industrialisierung gegeben, und der Entwicklungsabstand zu England und den wichtigen westeuropäischen Ländern war groß.

Das Wachstum der russischen Wirtschaft seit den 1880er Jahren

Der Aufschwung der russischen Wirtschaft am Ende des 19. Jahrhunderts hat sich nicht voraussetzungslos eingestellt. Vielmehr wurden seit dem frühen 19. Jahrhundert in einem langfristigen Prozeß die dafür notwendigen Vorbedingungen zumindest teilweise herausgebildet. Sowjetische Forscher sprachen von einer sich über mehrere Jahrzehnte hinziehenden, in den 1830er Jahren zögernd einsetzenden Industrialisierung, die dann durch die Agrarreformen von 1861 Schwung gewann und in den 1870er Jahren endlich eine Basis für einen industriellen Durchbruch schuf. Neuere Detailstudien bestätigen dieses Bild. Um 1880/85 setzte eine merkliche Beschleunigung des gesamtwirtschaftlichen Wachstums ein. In einer sehr optimistischen Schätzung hält *Alexander Gerschenkron* für die neunziger Jahre sogar eine jährliche Wachstumsrate des Sozialprodukts von 8 % für möglich. Obwohl dies etwas hoch angesetzt scheint, bleibt dennoch zutreffend, daß die gesamtwirtschaftliche Wachstumsrate im Russischen Reich im Jahrzehnt vor der Jahrhundertwende deutlich über der in Deutschland gelegen hat, von Großbritannien ganz zu schweigen.

Eine grobe Schätzung der Entwicklung der russischen Gesamtproduktion seit der Mitte des 19. Jahrhunderts durch *Paul Gregory* bestätigt das beschleunigte Wachstum der russischen Wirtschaft seit den 1880er Jahren (Tab. 27). In den Dekaden seit 1860 wuchs die russische Wirtschaft durchschnittlich um jeweils knapp 25 %: Vor 1880 waren es weniger als 20 % und danach fast 30 % – ein deutlicher Unterschied im Tempo der Expansion.

Tabelle 27: Wachstum der russischen Gesamtproduktion und der Pro-Kopf-Produktion 1861–1913 (in % pro Jahrzehnt)[63]

| Zeitraum | Wachstumsraten | |
	der Gesamtproduktion	der Pro-Kopf-Produktion
1861/63–1881/83	19,6	5,1
1881/83–1911/13	28,5	12,0
1861/63–1911/13	24,5	9,1

Die Pro-Kopf-Wachstumsrate blieb in Rußland klar hinter derjenigen der Gesamtproduktion zurück, und der Unterschied im Wachstumstempo vor und nach 1880 ist darin noch offensichtlicher: Es gab eine deutliche Veränderung des Wachstumsmusters, wenngleich der Wohlstandsgewinn pro Kopf unzureichend blieb und Rußland hier während des gesamten Zeitraumes im Vergleich zu Westeuropa weiter zurückfiel. Einem Pro-Kopf-Wachstum von 12 % pro Jahrzehnt entspricht ein durchschnittliches Jahreswachstum von ca. 1 %, wahrscheinlich nicht viel im Vergleich zu England, Belgien, Frankreich und Deutschland an der Jahrhundertwende.

Seit den Reformen von 1861 war dennoch ein Fortschritt innerhalb der russischen Wirtschaft unübersehbar. Die erste Phase der Entwicklung zwischen 1861 und 1866 war geprägt durch die schwierige Anpassung an die neue Lage auf dem Lande. In der Industrie war ein kräftiger Aufschwung in denjenigen Zweigen zu beobachten, die mit dem forciert betriebenen Eisenbahnbau verknüpft waren. Die Zahl dieser Fabriken und der dort beschäftigten Arbeiter vermehrte sich deutlich, und auch ihr Produktionswert wurde gesteigert; zahlreiche Aktiengesellschaften wurden gegründet. In dieser Zeit begann sich der Schwerpunkt der russischen Industrie von der Herstellung von Textilien auf die Schwerindustrie einschließlich des Maschinenbaus und der Rohölgewinnung zu verlagern. Ab Mitte der 1870er Jahre zeigte sich in Rußland, ähnlich wie in Westeuropa, eine schwere Absatzkrise bei Industrieprodukten, die wegen der Mißernte 1875/76 noch verstärkt wurde, weil nunmehr die ohnehin nur schwach ausgeprägte Nachfrage der Landwirtschaft nach industriellen Gütern gänzlich ausfiel. Die Insolvenz der wichtigsten Handelsbanken und eine schwere Finanzkrise des Staatshaushaltes taten das ihrige, um auch das Geldwesen zu zerrütten und die Krise weiter zu verstärken. Der folgende Produktionsrückgang betrug in der Textilindustrie 29 %, und zahlreiche andere Branchen waren in ähnlicher Weise von der Krise betroffen. In den frühen 1880er Jahren kamen dann zwei weitere Mißernten krisenverstärkend hinzu: Der Eisenbahnbau wurde zeitweilig gänzlich eingestellt, zahlreiche Unternehmen gerieten in finanzielle Schwierigkeiten, die Aktienkurse verfielen.

In diesen Jahren verbesserte sich die Produktivität innerhalb der Industrie jedoch entscheidend, und die Unternehmen konnten das bis dahin für die russische Wirtschaft charakteristische Merkmal einer geringen Arbeitsproduktivität abstreifen. Bezogen auf den Arbeitseinsatz verbesserte sich die Produktivität dabei zwischen 1883 und 1892 um ca. 50 %. Damit war die Grundlage für eine verstärkte Expansion der russischen Industrie gelegt, so daß diese nach 1890, gestützt durch eine Reihe guter Ernten zwischen 1893 und 1895 und den forcierten Ausbau des Eisenbahnnetzes, einen bemerkenswerten Aufschwung erlebte. *Alexander Gerschenkron* bezeichnet die Jahre zwischen 1885 und 1900 gar als »golden period of modern industrialization in Russia«. Dieser beachtliche Entwicklungsschub endete jedoch schon kurz vor der Jahrhundertwende in einer schweren Finanz- und Wirtschaftskrise, die 1903 in eine langanhaltende Depression und Stagnation der russischen Wirtschaft überging.

Dennoch war in Rußland in den 1890er Jahren wohl der Durchbruch zum Aufbau einer heimischen industriellen Basis gelungen. Der Staat spielte dabei eine wichtige Rolle: Etwa die Hälfte aller industriellen Aufträge wurde über den Staatshaushalt finanziert, wobei der Eisenbahnbau die entscheidende Größe darstellte. Der Index der russischen Industrieproduktion unterstreicht den Durchbruch seit den 1880er Jahren, wie auch den schweren Einbruch zu Beginn des 20. Jahrhunderts:

Tabelle 28: Index der russischen Industrieproduktion 1860–1913 (1900 = 100)[64]

Jahr	Index
1860	13,9
1870	17,1
1880	28,2
1890	50,7
1895	70,4
1900	100,0
1905	98,2
1910	141,4
1913	163,6

Der relative Erfolg der russischen Industrialisierungsbemühungen blieb auf wenige Sektoren und Regionen beschränkt, eine durchgreifende Industrialisierung des Landes war noch nicht gelungen. So blieb die russische Wirtschaft dualistisch geprägt: Auf der einen Seite fanden sich zahlreiche Betriebe der modernen Fabrikindustrie, auf der anderen Seite blieben vormoderne Produktionsformen in Landwirtschaft, Handwerk und Gewerbe erstaunlich lange Zeit weiterhin existenzfähig. Nicht das gesamte Russische Reich wurde von der Industrialisierung erfaßt; sie konzentrierte sich vor allem auf den Süden (Ukraine) und die Millionenstädte Moskau und St. Petersburg. Weite Teile des Landes blieben gänzlich unbeeinflußt. Dennoch war die industrielle Entwicklung im Rußland der Jahrhundertwende bereits zu einem unumkehrbaren Prozeß geworden. Die Wertschöpfung im industriellen Sektor reichte inzwischen beinahe an die der Landwirtschaft heran, und die Industrie wurde zu einem immer bedeutenderen Sektor der Volkswirtschaft.

Die Struktur des russischen Wirtschaftswachstums

Der Index der russischen Industrieproduktion suggeriert ein Wachstumsmuster, das nicht für alle Teile der russischen Industrie in gleichem Maße galt. Die 1860er Jahre mit ihrem Zwang zur Anpassung an die neuen Bedingungen auf dem Lande zeigten, daß die in die ländliche Gesellschaft eingebetteten Formen der traditionellen Textil-, Eisen- und Zuckerproduktion deutliche Produktionsrückgänge hinnehmen mußten, während industrielle Produktionsformen expandieren konnten (Tab. 29). Mit dem verstärkten Eisenbahnbau beschleunigte sich diese Entwicklung weiter und führte zu einer Umwandlung der Gewerbestruktur, in der neue, moderne Industrien an Bedeutung gewannen, deren Produktion kontinuierlich anstieg.

Tabelle 29: Industrielle Entwicklung in Rußland 1860–1913[65]

Jahr	Roheisen-produktion (Mill. pud)	Steinkohlen-förderung (Mill. pud)	Rohbaum-wollverband (Mill. pud)	Zucker-produktion (Mill. pud)	Eisen-bahnlänge (1000 km)
1860	20,5	18,3	2,8	–	1,6
1865	18,3	23,3	1,6	3,9	3,8
1870	21,9	42,3	2,8	6,4	10,7
1875	26,1	103,8	5,2	8,0	19,0
1880	27,4	200,8	5,7	12,5	22,9
1885	32,2	260,6	7,6	20,9	26,0
1890	56,6	367,2	8,3	24,6	30,6
1895	88,7	555,5	12,3	32,3	37,0
1900	179,1	986,3	16,0	48,5	53,2
1905	166,8	1139,7	18,2	52,1	61,1
1910	185,8	1526,3	22,1	63,0	66,6
1913	283,0	2200,1	25,9	75,4	70,2

Die *Textilindustrie* spielte während der Industrialisierung Rußlands nicht mehr die herausragende Rolle, die sie in den früher industrialisierten westeuropäischen Ländern gespielt hatte. Zwar blieb der Textilsektor bis 1914 der größte Gewerbezweig Rußlands, doch er erlangte keine strategische Bedeutung für die Gesamtentwicklung. Das Textilgewerbe expandierte in unterschiedlichen Formen, vermochte Modernisierung und Wachstum aus eigenen Mitteln zu finanzieren und war daher nicht auf staatliche Förderung angewiesen. Vorreiter beim Übergang vom Manufaktur- zum Fabrikbetrieb war hier ebenfalls die Baumwollspinnerei, die wegen fehlender heimischer Traditionen von Anfang an als Fabrikbetrieb unter Einsatz von Lohnarbeit etabliert wurde. Anders die Baumwollweberei, die zunächst noch auf Handweberei im Heimgewerbe zurückgriff, ehe sich nach der Krise von 1873 der mechanische Webstuhl durchzusetzen begann. 1880 kamen auf einen Handwebstuhl bereits 3,2 mechanische Webstühle. Ähnlich war die Entwicklung im Leinengewerbe, das jedoch der Baumwollindustrie hinterherhinkte: Seit den 1860er Jahren wurde die Spinnerei mechanisiert; beim Weben blieben jedoch noch sehr lange Handwebstühle in Gebrauch.

Am Ende der 1860er Jahre gab vor allem der russische *Eisenbahnbau* den Anstoß zur Industrialisierung des Landes. Der Ausbau des Schienennetzes (Tab. 30) bestimmte ganz entscheidend die Expansion der Schwerindustrie. Als der Eisenbahnbau boomte, wurden die Grundlagen für eine russische Schwer- und Maschinenbauindustrie gelegt und die Steinkohlen- und Erdölförderung entscheidend ausgeweitet.

Tabelle 30: Ausbau des russischen Eisenbahnnetzes 1838–1913 (in km)[66]

Jahr	Länge der Linien des Gesamtnetzes	Neu hinzuge- kommene Strecken
1838	27	–
1845	144	117
1850	501	357
1857	1170	669
1860	1626	456
1865	3842	2216
1870	10731	6888
1875	19029	8298
1880	22865	3836
1885	26024	3159
1890	30596	4545
1895	37058	6462
1900	53234	16176
1905	61085	7851
1910	66581	5496
1913	70156	3575

Mit der Expansion der Schwerindustrie kam es zur Erschließung der neuen Industriegebiete im Donez-Becken und bei Baku am Schwarzen Meer. Die alte und zum Teil weiterhin mit traditionellen Techniken arbeitende Eisenindustrie im Ural, die zudem von der Abschaffung der Fronarbeit schwer getroffen war, konnte die gestiegene Nachfrage nach Eisen nicht annähernd decken, weshalb große Eisen- und Kohlenimporte für den Ausbau des Eisenbahnsystems nötig wurden. Zollbefreiungen für Roheisen- und Schmiedeeisenimporte als Vorprodukte für die heimische metallverarbeitende Industrie sowie Zölle auf Maschinenimporte, gekoppelt mit Auflagen für die Eisenbahngesellschaften über den Kauf eines bestimmten Anteils heimischer Schienen und Materialien, wirkten in dieser Phase der Entwicklung wie ein Förderprogramm für die im Aufbau befindliche russische Maschinenindustrie und gewährten auch der russischen Schwerindustrie einen gewissen Anteil am Inlandsmarkt.

Die hier offenbar werdende Zollpolitik wurde Ende der 1870er Jahre durch ein Prämiensystem ergänzt, das zum Kauf inländisch produzierter Schienen anregen sollte. Auf diese Weise gelang es dem russischen Maschinenbau, 75 % des Bedarfs der heimischen Eisenbahngesellschaften zu decken, beim Roheisenbedarf blieb das Land zu etwa 50 % von Importen abhängig. Ein entsprechender Zollschutz wurde nach 1884 schrittweise auf weitere Industriezweige ausgedehnt, um so den inländischen Produzenten Absatzmöglichkeiten zu erhalten – ganz im Sinne des sich damals überall in Europa ausbreitenden Protektionismus.

Wachstumspotentiale und Industrialisierungserfordernisse

Rußland war zu Beginn des 19. Jahrhunderts das bevölkerungsreichste Land Europas, und seine Bevölkerung wuchs im Laufe des Jahrhunderts von etwa 35 Millionen Menschen (1800) auf etwa 170,9 Millionen Menschen (1913) gewaltig an. Bis 1860 betrug

der jährliche Durchschnitt des Bevölkerungswachstums 1,3 %, danach erhöhte er sich auf 2,4 %. Der Bevölkerungszuwachs durch
Gebietserweiterungen des Russischen Reiches in diesem Zeitraum
war nur gering, eine Immigration fand ebenfalls nicht statt, so daß
sich die russische Bevölkerung im Laufe eines Jahrhunderts nahezu
ausschließlich aufgrund des natürlichen Bevölkerungszuwachses
mehr als vervierfachte.

Dieses enorme natürliche Bevölkerungswachstum war möglich,
obwohl die Sterberate in Rußland außerordentlich hoch lag: Im
Durchschnitt der Jahre 1860 bis 1913 betrug sie 35‰ und stieg
zudem in schlechten Erntejahren mehrfach sprunghaft an. Sie lag
damit fast dreimal so hoch wie in Westeuropa während dieses
Zeitraumes und beruhte vor allem auf einer hohen Kindersterb-
lichkeit. Erst gegen Ende des Jahrhunderts gelang es, die Sterberate
allmählich abzusenken: Sie betrug 1913 aber immer noch 27,2‰.
Demnach speiste sich das Bevölkerungswachstum im Russischen
Reich aus einer enorm hohen Geburtenrate, die im Durchschnitt
der Jahre 1860 bis 1913 bei 50‰ lag.

Die russische Bevölkerung blieb während des gesamten Jahrhunderts fast vollständig auf dem Lande ansässig, eine Stadt-
wanderung erfolgte kaum. Somit war die russische Bevölkerung
überwiegend mit der Landwirtschaft verbunden, trotz des admini-
strativen Versuchs, einen Teil der Industrie auch auf dem Lande, in
sogenannten Fabrikdörfern anzusiedeln. Städtische Industriearbeiter repräsentierten nur einen verschwindend geringen Teil der Beschäftigten. Eine Ausnahme bildeten allenfalls die Baumwollindustrie um Moskau und später die Metallindustrie um St. Petersburg
sowie die Bergbau- und Hüttenindustrie in der Südost-Ukraine.
Die Zahl der Industriearbeiter verdoppelte sich daher zwar in der
industriellen Wachstumsphase der 1890er Jahre, doch blieb ihr
Anteil am Erwerbspotential insgesamt auf ca. 1 % begrenzt.

Die *Landwirtschaft* und die landwirtschaftliche Beschäftigung
bildeten also bis ins 20. Jahrhundert hinein den Kern der Wirtschaft Rußlands. Zwar hatten die Reformen von 1861 die Leibeigenschaft de jure aufgehoben, de facto hatte sich jedoch wenig
geändert, weil die Bauern ihren ehemaligen Grundherren sehr
hohe Ablösungszahlungen zu leisten hatten, was eine neue ökono-

mische Abhängigkeit schuf. Mit den beiden Institutionen *mir* und *obscina* gelang es den Grundherren, ihren Einfluß in der ländlichen Gesellschaft erneut zu festigen.

Nicht der einzelne Bauer, sondern die gesamte Dorfgemeinschaft als Kollektiv, der sogenannte *mir*, war für die Zahlung der Steuern und Abgaben verantwortlich. Deshalb waren alle Landbewohner an der Aufrechterhaltung der Dorfgemeinschaft und dem Verbleib aller Bauern auf dem Lande zwingend interessiert, weil damit die kollektive Abgabenlast auf möglichst viele Schultern verteilt werden konnte. Die Zuteilung der Ackerfläche an die einzelnen Bauernfamilien erfolgte in regelmäßigen Abständen neu, und das zugeteilte Stück Land bemaß sich nach der Familiengröße. Dieses *obscina* genannte System der Bodenzuteilung machte daher eine große Familie erstrebenswert. *Mir* und *obscina* wirkten somit der Modernisierung der Landwirtschaft und der ländlichen Gesellschaft entgegen. Die Vorteilhaftigkeit einer großen Familienzahl erhöhte den Bevölkerungsdruck auf dem Lande und stand wegen des reichlichen und billigeren Arbeitsangebotes an ländlichen Arbeitskräften einer Mechanisierung der Landwirtschaft entgegen. Die periodische Umverteilung des Bodens verminderte das Interesse an Bodenverbesserungen und an der Intensivierung der Produktion bei den einzelnen Bauernfamilien. Der *mir* verschloß das Ventil einer Abwanderung vom Lande. Alles in allem eine denkbar ungeeignete Situation, um die Produktion und die Produktivität der Landwirtschaft zu steigern und die traditionelle Wirtschaft in den Dienst des Fortschritts zu stellen.

Entsprechend gering waren die Neuerungen in der arbeits- und flächenintensiv betriebenen Landwirtschaft. Das Wachstum der ländlichen Arbeitsproduktivität lag nur knapp über dem der Bevölkerung, so daß das Pro-Kopf-Einkommen praktisch stagnierte (Tab. 31). Bei Getreide und Kartoffeln entsprach die Pro-Kopf-Produktion zur Mitte des Jahrhunderts in etwa der Produktion vierzig Jahre zuvor.

Tabelle 31: Entwicklung der landwirtschaftlichen Produktion
in Rußland 1864–1905 [67]

Zeitraum	Bevölkerung (in Mill.)	Nettoernte Getreide u. Kartoffeln (in Mill. Cetvert)	Nettoernte pro Kopf	
			Getreide (in Cetvert)	Kartoffeln (in Cetvert)
1864–66	61,5	152,8	2,21	0,27
1883–87	81,7	255,2	2,68	0,44
1900–05	107,6	396,5	2,81	0,87

Die Reform von 1861 hatte einer starken Bodenzersplitterung Vorschub geleistet, der bearbeitete Boden pro Kopf der Landbevölkerung hatte sich halbiert; Zwergwirtschaften bei steigenden Boden- und Pachtpreisen, sinkenden Produktivitäten und Einkommen sowie Unterauslastung der Arbeitskräfte prägten das Bild der russischen Landwirtschaft. Der Arbeitskräfteüberschuß auf dem Lande wird auf 20 bis 35 Millionen Personen geschätzt. 50–70 % der gesamten Bauern im europäischen Rußland arbeiteten in Subsistenzwirtschaften, während nur knapp 10 % der bäuerlichen Betriebe überhaupt eine nennenswerte Marktproduktion verzeichnen konnten.

Die von den Adelsinteressen dominierte Form der Bauernbefreiung von 1861 verhinderte also eine Produktivitätssteigerung des Agrarsektors, die zur Versorgung der wachsenden Bevölkerung, zum Import westlicher Technologien und zur Stärkung der Nachfrage nach gewerblichen Produkten dringend erforderlich gewesen wäre. Hinzu kam, daß die Landwirtschaft – nicht jedoch die von Steuerabgaben befreiten adligen Grundherren – von einer enormen Abgaben- und Steuerlast bedrängt war. Viele Bauern waren daher zum Verkauf der Ernte unmittelbar nach ihrer Einbringung zu den saisonbedingten Niedrigstpreisen gezwungen und mußten ihren Eigenbedarf später zu höheren Preisen auf dem Markt kaufen. Diese Unfähigkeit zur Vorratshaltung führte bei Mißernten zwangsläufig zu schweren Hungerkatastrophen auf dem Lande. Langfristig war somit eine Gesundung der Landwirtschaft unmöglich, und sogar die Steuer- und Abgabenfähigkeit des *mir* nahm ab. 1895 etwa konnten 95 % der fälligen Zahlungen nicht fristgerecht aufgebracht werden.

Die aus der Landwirtschaft, von Privaten und über den Staatshaushalt abgeschöpften Beträge wurden zumindest teilweise in der Industrie investiert oder für das Militär ausgegeben. Die drückende ländliche Armut war also die Kehrseite der staatlich initiierten Industrialisierung. Eine Abwanderung der agrarischen Bevölkerung erfolgte aus den genannten Gründen nicht. Noch 1913 waren 72 % aller Beschäftigten in der Landwirtschaft tätig und ca. 44 % des Volkseinkommens wurden dort erwirtschaftet: Eine »Agrarrevolution« hatte im Russischen Reich nicht stattgefunden! Allenfalls ein kleiner Teil der russischen Landwirtschaft hatte sich bis dahin modernisiert. Unter dem Einfluß des Eisenbahnbaus hatten sich die Gutsbetriebe im europäischen Gebiet Rußlands auf Markt- und Exportproduktion umstellen können. Hier wurden Pflanzen, die als industrielle Rohstoffe dienen konnten (Hanf, Flachs), angebaut und Produktionsspezialisierungen vorgenommen. Die Landwirtschaft prägte daher einen dualistischen Charakter aus: Markt- und Subsistenzproduktion, Überproduktion im internationalen Rahmen und Hungerkatastrophen vor Ort existierten nebeneinander.

In einer derartigen, durch äußerste Armut breiter Bevölkerungsklassen charakterisierten Gesellschaft erscheint es naturgemäß schwierig, die für die Industrialisierung notwendige Ersparnisbildung und Kapitalakkumulation zu gewährleisten. Daher prägte ein bedrohlicher Kapitalmangel die industrielle Entwicklung Rußlands. Die Ersparnisbildung war insgesamt niedrig, weil die Landwirtschaft nur geringe Produktivitätsfortschritte erzielen konnte und der gewerbliche Sektor selbst viel zu klein blieb. Die dennoch aus der Landwirtschaft gewonnenen Erträge fanden zudem häufig durch den Luxuskonsum des Adels und durch hohe Staatsausgaben für das Militär und die Kriegsführung eine unproduktive Verwendung. Der hohe Kapitalbedarf war nur durch umfangreiche Kapitalimporte zu decken. Deshalb sah sich die zaristische Regierung gezwungen, ausländischen Investoren günstige Bedingungen einzuräumen. Voraussetzung für einen langfristigen Kapitalimport war aber eine stabile Währung, die nur durch stabile Staatsfinanzen zu erringen war. Dies war aber alles andere als selbstverständlich, denn nach 1861 zeigte der russische Staatshaushalt zunächst ein beachtliches Defizit, das nur durch russische Staatsanleihen im Ausland auszugleichen war. Diese Politik mußte langfristig scheitern, so daß eine Stabilisierung über den internen Haushaltsausgleich nötig wurde. Dazu wurde eine drakonische Steuerpolitik verfolgt, die die Lasten der Währungsstabilisierung wiederum der Landbevölkerung aufbürdete. Mit der Einführung des Goldrubels im Jahre 1897 gelang die Währungsstabilisierung, und in der Folgezeit stellten sich beachtliche Direktinvestitionen ausländischer Anleger als Ausdruck des Vertrauens in die russische Wirtschaft und Währung ein. Die staatliche Wirtschaftspolitik blieb dennoch wegen der unzureichenden heimischen Ersparnisbildung in diesem Zeitraum dem Dilemma verhaftet, einerseits zur Währungsstabilisierung die Massenkaufkraft durch hohe Steuern abzuschöpfen und andererseits die heimische Nachfrage nach Industrieprodukten wegen der geringen Massenkaufkraft selbst zu stützen. Binnenwirtschaftliche und außenwirtschaftliche Zielsetzungen schlossen sich gegenseitig aus.

Die Wirkung des Auslandskapitals auf die russische Industrialisierung kann durchaus als segensreich angesehen werden. In der Zeit nach 1890 wurde auf diese Weise etwa die Hälfte der internen Investitionen finanziert, und um 1900 befanden sich etwa 60 % des Kapitals der russischen Aktiengesellschaften in ausländischen Händen. Zugleich mobilisierten ausländische Unternehmer auch inländisches Kapital in Rußland und trugen so dazu bei, inländische Ersparnisse in produktive Verwendung zu leiten. Allerdings war wegen der Zahlung von Dividenden und Zinserträgen an das Ausland zwischenzeitlich ein Nettoabfluß von Kapital aus dem Russischen Reich zu verzeichnen, so zwischen 1884 und 1894 sowie zwischen 1902 und 1909.

Ein eigenständiges Bankensystem war in Rußland zur Mitte des 19. Jahrhunderts noch nicht einmal in Ansätzen vorhanden. Erst unmittelbar vor den Reformen wurde 1860 eine Staatsbank gegründet, der das Recht auf unabhängige Notenausgabe allerdings verwehrt blieb. Nach Aufhebung des staatlichen Kreditmonopols wurde jedoch alsbald ein Banken- und Kreditsystem begründet.

1863 wurde in St. Petersburg die erste private Handelsbank gegründet (St. Petersburger Kredit-Gesellschaft), und schon 1864 folgte die erste Aktienkreditbank (St. Petersburger Private Kommerzbank), die mit einem Grundkapital von 5 Millionen Rubeln ausgestattet war. Während des weltweiten Booms zwischen 1871 und 1873 läßt sich auch in Rußland ein regelrechtes Banken-Gründungsfieber beobachten. 1870 zählte man erst zwölf, 1873 jedoch schon 39 Handelsbanken, von denen in der folgenden Krise viele unter zum Teil spektakulären Umständen wieder verschwanden. Erst in den 1880er Jahren kam es dann wiederum zu Neugründungen.

Die russische Staatsbank konnte während dieses Zeitraumes ihren dominierenden Einfluß auf die heimische Kapitalbildung bewahren und finanzierte allein ein Investitionsvolumen, das dem der Gesamtheit der übrigen Banken gleichkam. Mit dem Wirtschaftsaufschwung der 1890er Jahre konnte die Kapitalmobilisierung des privaten Bankensektors den der Staatsbank schließlich überflügeln. Doch die eigentliche Blütezeit des privaten Bankwesens begann erst 1906, als die großen St. Petersburger Banken über die Vermittlung ausländischen Anlagekapitals entscheidenden Einfluß auf die russische Industrie gewannen. Die Moskauer Banken blieben hingegen dem vertrauten Geschäftskreis verhaftet und fungierten als Hausbanken für die Textilunternehmen der Region.

Über den Umfang der Kapitalbildung in der russischen Industrie und Wirtschaft lassen sich keine genaueren Angaben machen. Einen Anhaltspunkt für die Kapitalbildung kann der Zuwachs des Grundkapitals der russischen Aktiengesellschaften geben (Tab. 32), die den modernsten Teil der russischen Wirtschaft repräsentieren. Demnach setzte eine verstärkte Kapitalbildung erst nach 1860 ein, die sich dann nach 1895 nochmals entscheidend steigerte.

Tabelle 32: Zuwachs des Grundkapitals in den konzessionierten russischen Kapitalgesellschaften 1789–1910[68]

Zeitraum	Zuwachs des Grundkapitals	
	in Tausend Rbl.	pro Jahr ⌀
1789–1854	27174	56
1855–1864	71309	7131
1865–1874	286196	28620
1875–1884	370414	37041
1885–1894	352585	35259
1895–1904	1916976	191698
1905–1910	692970	115495

Um die Jahrhundertwende hatte sich in Rußland ein relativ umfassendes und ausdifferenziertes Bankensystem etabliert. Neben der Staatsbank, der Staatlichen Adelsbank (gegr. 1885) und der Staatlichen Bauernbank (gegr. 1883) existierten im privaten Sektor 39 Aktienkreditbanken, einige hundert Kreditgesellschaften und über zweihundert städtische Banken sowie ein Sparkassennetz mit etwa 75 Kassen. Schon in den 1890er Jahren setzte jedoch eine Konzentrationsbewegung ein, die sich in der folgenden Depressionsphase noch beschleunigte. Um 1914 kontrollierten die vier größten privaten Bankhäuser mehr als die Hälfte des Bankenkapitals und damit einen Großteil der russischen Wirtschaft.

Hinsichtlich der in der russischen Industrialisierung eingesetzten Technologien ist nichts Spektakuläres zu vermelden. Zu groß war hier der Vorsprung der westeuropäischen Länder, als daß Rußland sogleich mit wesentlichen Neuerungen hätte aufwarten können. Man folgte den westlichen Vorbildern und stützte sich auf Importe aus dem Ausland. Dabei schritt in Rußland vor allem die Textilindustrie voran, in der die Fabrikproduktion nahezu ausschließlich auf der Basis importierter Verfahren weite Verbreitung fand: Maschinen wie Techniker stammten überwiegend aus dem Ausland. Der Technologieimport war natürlich eng verbunden mit dem Kapitalimport, der zur Jahrhundertwende sehr stark von Direktinvestitionen geprägt war. Hier sind die verschiedenen Zweige der Metallurgie sowie die Chemieindustrie und die elektrotechnische Industrie hervorzuheben. Gleichzeitig wurden neue Managementmethoden und neue Organisationsformen erprobt, wieder zunächst in den fortgeschrittenen Branchen der Baumwollindustrie, im Bergbau und in der Metallurgie.

Neben umfangreichen Kapitalverflechtungen, die der Außenwirtschaftspolitik des Russischen Reiches enge Fesseln anlegten, spielte der Außenhandel Rußlands für die Industrialisierung eine große Rolle. Die traditionelle Exportförderung für Agrarprodukte (»Hungerexporte«) diente, neben den Schutzzöllen für heimische Industrieprodukte sowie der Abschöpfung inländischer Kaufkraft durch hohe Verbrauchssteuern, außenwirtschaftlichen Zielen zur Stabilisierung des Rubelkurses, die Voraussetzung für umfangreiche Kapitalexporte war. Im Ergebnis zeigte sich von 1860 bis 1900 eine Vervierfachung des Außenhandelsvolumens und dann bis 1913 erneut eine Verdopplung:

Tabelle 33: Außenhandel Rußlands 1860–1913 (in 1000 Rubel) [69]

Jahr	Wert des Warenimports	Wert des Warenexports	Exportüberschußdefizit
1860	159 303	181 383	22 080
1865	164 305	209 188	44 883
1870	335 927	359 958	24 031
1875	531 056	381 952	−149 104
1880	622 812	498 672	−124 140
1885	435 388	537 906	102 518
1890	406 650	692 240	285 590
1895	526 147	689 082	162 935
1900	626 375	716 217	89 842
1905	635 087	1 077 325	442 238
1910	1 084 442	1 449 084	364 642
1913	1 374 031	1 520 133	146 102

Überraschend genug, gelang es dem Land zumeist, einen Export-überschuß zu erwirtschaften, mit Ausnahme des Krisenjahrzehnts nach 1873. Die Struktur des Außenhandels spiegelte jedoch den Zustand einer rückständigen Wirtschaft. Der Export setzte sich zu drei Vierteln aus Produkten der Land- und Forstwirtschaft zusammen: 50% aller Ausfuhren machten allein Getreideexporte aus. Damit war die Handelsbilanz des Landes in extremer Weise vom Ernteergebnis der Landwirtschaft sowie von der internationalen Agrarkonjunktur abhängig. Die Importe des Landes bestanden zumeist aus Industrieprodukten, deren Einfuhr durch den ermäßigten Zolltarif von 1869 und den gänzlichen Wegfall der Zölle für industrielle Aufrüstung positiv stimuliert wurde. Der Passivierung der Handelsbilanz nach 1873 wurde durch Zollerhöhungen (1877) und den Wegfall der Importvergünstigungen (1881) zu begegnen versucht. Damit gelang es, der weiteren Ausdehnung der Importe entgegenzuwirken und den Saldo der Handelsbilanz wieder positiv zu gestalten. Als im Zuge der beschleunigten Industrialisierung nach 1890 sich der Importbedarf der Wirtschaft erneut stark erhöhte – und dies trotz hoher Einfuhrzölle, die bei 33% des Warenwertes lagen –, verminderte sich der Exportüberschuß wiederum deutlich. In dieser schwierigen Situation wurden die Exporte von Agrarprodukten trotz sinkender Preise und großer heimischer Nachfrage zum Ausgleich der Handelsbilanz weiter gesteigert, um damit die industriellen Importe zu finanzieren. Nicht zu Unrecht wurde diese Situation später mit dem Begriff »Hungerexporte« umschrieben.

Inwieweit ist nun die beschriebene Entfaltung der Wachstumsfaktoren der russischen Volkswirtschaft ein Beispiel für die Industrialisierung eines Landes in relativer Rückständigkeit im Gerschenkronschen Sinne? Wodurch wurde der Mangel an unzureichenden Vorbedingungen im Wege des westeuropäischen Modells ausgeglichen? Gab es eine typisch russische Substitution dieser Vorbedingungen?
Zweifellos war die russische Wirtschaft Mitte des 19. Jahrhunderts im Vergleich zu den westeuropäischen Ländern rückständig. Ein Strukturwandel hin zu einer Industriegesellschaft war kaum in

Gang gesetzt worden, und ein stetiges Wirtschaftswachstum noch nicht erreicht. Wesentliche Voraussetzungen für einen industriellen Aufschwung fehlten. Insbesondere gelang es nicht, die Landwirtschaft als den dominierenden Zweig der traditionellen Wirtschaft zu dynamisieren und für den industriellen Aufschwung direkt nutzbar zu machen. Die Abschaffung der Leibeigenschaft bewirkte keine Kommerzialisierung der Agrarprodukte im Sinne einer kapitalistischen Wirtschaftsgesinnung, sondern *mir* und *obscina* schufen die Basis zur Beibehaltung vorkapitalistischer und vormoderner Wirtschaftsformen in der Landwirtschaft: Eine Ausweitung und Intensivierung der ökonomischen Ressourcen im Agrarsektor blieb aus.

Auch in anderen Bereichen der Wirtschaft blieb die Ausweitung und intensivere Nutzung wirtschaftlicher Ressourcen nur bescheiden. Zwar wuchs die Bevölkerung Rußlands außerordentlich stark an, doch gelang es nicht, die wachsende Bevölkerung als ökonomischen Input zu nutzen. Dem stand vor allem entgegen, daß die meisten Menschen in die traditionelle Landwirtschaft eingebunden blieben und nicht dem Arbeitsmarkt zur Verfügung standen. Wegen der Armut des Landes war eine größere Ersparnisbildung ebenfalls unmöglich, so daß weder Arbeit – trotz des enormen Bevölkerungswachstums – noch Kapital in nennenswert erweitertem Maße für die Industrialisierung des Landes bereitstanden – ganz zu schweigen von den unzureichenden Qualitäten dieser Ressourcen hinsichtlich des Ausbildungsstandes der Arbeitskräfte und von den damit eng verknüpften begrenzten Möglichkeiten zu Kapitalinvestitionen in moderne Technologien.

Die Armut des Landes, verbunden mit der Steuer- und Zollpolitik des Staates, begrenzte zudem den inneren Markt der Volkswirtschaft. Die dominierende Landwirtschaft fiel als Nachfrager für Industrieprodukte nahezu völlig aus, und die geringen Überschüsse, die dort erzielt werden konnten, wurden meist vollständig abgeschöpft. Der Luxuskonsum der Eliten richtete sich auf ausländische Produkte, und allein der Staat konnte in begrenztem Maße als Nachfrager heimischer Industrieprodukte auftreten, da im Ausland lediglich Nahrungsmittel und Rohstoffe Absatz fanden. Auch von der Nachfrageseite her waren demnach die Voraussetzungen für einen industriellen Aufschwung Rußlands kaum gegeben. Hinzu trat der Mangel an industriellen Unternehmern, die sich in dieser, von einer stagnierenden Landwirtschaft dominierten, überwiegend ländlich geprägten Gesellschaft, in der der Adel das soziale Leben noch weitgehend gestaltete, nicht herausbilden und bewähren konnten. Dazu wären tiefgreifende soziale Veränderungen und weitgehende Wandlungen im gesellschaftlichen Wertesystem nötig gewesen.

Trotz dieser schwierigen Bedingungen gab es in den 1890er Jahren einen plötzlichen und bemerkenswerten Aufschwung, weil die fehlenden Voraussetzungen für einen Wirtschaftsaufschwung im britischen Sinne durch eine Reihe spezifischer Arrangements ersetzt, »substituiert« wurden. Bei diesen Bemühungen wurden Elemente deutlich, die an die Systematik *Gerschenkrons* hinsichtlich des Grades der relativen Rückständigkeit erinnern: Der plötzliche Wirtschaftsaufschwung Rußlands am Ende des 19. Jahrhunderts war durch erstaunlich hohe Wachstumsraten gekennzeichnet. Die Expansion der Schwerindustrie konzentrierte sich in wenigen großen Industriekomplexen. Die Landwirtschaft spielte kaum eine aktive Rolle, doch die landwirtschaftliche Bevölkerung wurde zu drastischen Konsumeinschränkungen gezwungen, damit wenigstens gewisse heimische Ersparnisse gebildet werden konnten. Wie wichtig Ideologien zur Rechtfertigung dieser Entwicklungsstrategien waren, ist schwierig zu beantworten; offensichtlich ist jedoch, daß der Staat für die Förderung des industriellen Wachstums hier eine besondere Rolle spielte und autonome Marktkräfte eher von minderer Bedeutung waren. Das russische Industrialisierungsmodell unterschied sich demnach, bedingt durch die ökonomische Rückständigkeit des Landes, ganz wesentlich vom britischen Beispiel, wie auch die anderen europäischen Staaten bereits Abweichungen von diesem Muster gezeigt hatten.

Der Staat in der russischen Industrialisierung

Die Niederlage Rußlands im Krimkrieg und der drohende Staatsbankrott zur Mitte des 19. Jahrhunderts hatten die mangelnde Leistungsfähigkeit des Staats- und Wirtschaftssystems des Russischen Reiches im Vergleich zu seinen europäischen Rivalen schlagartig offengelegt. Zur Sicherung des Machterhalts nach innen sowie zur Aufrechterhaltung der Großmachtstellung nach außen wurde daher für den Staat und die staatstragende Elite eine systemimmanente Modernisierung von Staat und Gesellschaft unausweichlich. Wegen des Fehlens einer fortschrittlichen Bourgeoisie rückten dabei staatliche Instanzen zwangsläufig in den Mittelpunkt. Sie mußten Reformen der Gesellschaftsverfassung einleiten und ökonomische Maßnahmen aktiv gestalten. Das Staatsbudget gewann deshalb für die private Wirtschaft eine überragende Bedeutung, weil dadurch Aufträge an die Industrie flossen, wobei militärische Güter und der Ausbau des Eisenbahnnetzes wesentlich waren. Finanziert wurden diese Ausgaben durch ordentliche Steuereinnahmen, durch Kredite der Staatsbank und durch staatlich garantierte Auslandsanleihen.

Diese in der ersten Phase der Entwicklung als »defensive Industrialisierung von oben« zu charakterisierende Strategie war jedoch keine zukunftsweisende, langfristige Lösung für die Probleme der russischen Wirtschaft, sondern diente vor allem dem Machterhalt der herrschenden Elite. Der damit einhergehende unproduktive Konsum eines ausgedehnten Polizeiapparates und des Militärs sowie die Subventionierung adliger Gutswirtschaften durch Steuerprivilegien hinderten langfristig die Entwicklung mehr, als daß sie sie förderten. Eine staatliche Investitionslenkung zugunsten der Rüstungsproduktion, eine staatliche Stimulierung der Agrarexporte zum Ausgleich der Handelsbilanz sowie eine staatlich initiierte Abschöpfung der Massenkaufkraft zur Finanzierung des Staatsverbrauchs schien alles andere als ein zukunftsweisendes Entwicklungsprogramm. Hier stellte die Sanierung des Staatshaushaltes ein mindestens ebenso wichtiges Ziel dar wie die Förderung der Industrie. Die Sanierung des Staatshaushaltes gelang schließlich nach 1862, die horrenden Auslandsschulden des russischen Staates wurden weitgehend abgebaut. Damit war immerhin das Ziel einer Währungsstabilisierung erreicht und das internationale Vertrauen in den Rubel wiederhergestellt.

1891 übernahm mit Sergej Witte ein überzeugter Anhänger einer aktiven staatlichen Industrialisierungspolitik das Finanzministerium. Unter seiner Regie flossen in den folgenden Jahren etwa zwei Drittel aller Staatsausgaben in die Wirtschaft, vor allem in den Eisenbahnbau. Durch die Förderung weniger zentraler Industriesektoren, vor allem der Schwerindustrie, entstand ein in hohem Maße von staatlichen Aufträgen abhängiger Industriesektor. Die Kehrseite dieses industriellen Wachstums bildete die stagnierende Landwirtschaft, deren Überschüsse weitgehend abgeschöpft wurden und die fast allein die Kosten der Industrialisierungsmaßnahmen zu tragen hatte. Auch im gewerblichen Sektor bildete sich als Folge dieser Strategie eine dualistische Struktur heraus: Die Schwerindustrie prosperierte, während die Textilindustrie wegen der Abschöpfung der Massenkaufkraft durch den Staat in eine schwere Krise geriet. Deshalb litt nicht nur die Landwirtschaft, sondern zudem weite Teile der gewerblichen Wirtschaft unter diesem einseitig auf die Förderung der Schwerindustrie ausgerichteten Industrialisierungsprogramm des russischen Staates.

Flankiert wurde dieses Programm von Maßnahmen, die über den Bereich der Industrieförderung hinausgingen. Witte widmete sich zugleich der Förderung des Bildungswesens, um so wichtige qualitative Voraussetzungen für einen langfristigen Industrialisierungserfolg zu gewährleisten. Dabei mußte er sich gegen traditionalistische Widerstände des Innen- und des Kulturministeriums durchsetzen, wo das Wiederauftreten revolutionärer Umtriebe in höheren Bildungsanstalten befürchtet wurde. Industrie- und Handelskreise unterstützten jedoch Wittes Absichten, und es gelang zwischen 1896 und 1902, insgesamt 147 Handelsschulen und drei polytechnische Institute zu gründen.

Eine industrielle Unternehmerschaft konnte sich unter diesen staatlich dominierten Verhältnissen nur schwer herausbilden. Die traditionellen Eliten des Landes waren eher antiindustriell und antikapitalistisch orientiert. Über den Umfang der industriellen Unternehmerschaft lassen sich nur vage Angaben machen. 1897 waren lediglich 1,2 % der Bevölkerung der Gruppe der Kaufleute, Handwerker und Unternehmer, einschließlich ihrer Familienangehörigen, zuzurechnen. Davon entfiel gewiß nur ein verschwindend geringer Bruchteil auf die Gruppe der eigentlichen industriellen Unternehmer.

Adelige und Großkaufleute verfügten zwar teilweise über beachtlichen Reichtum und zumindest die Kaufleute auch über unternehmerische Initiativen, doch verhinderten bestimmte soziale Institutionen, eine starre ständische Ordnung der Gesellschaft und zahlreiche staatliche Monopole eine weitergehende Entfaltung dieses unternehmerischen Potentials. In der Zuckerindustrie ebenso wie in weiten Teilen der Tuchindustrie dominierte eine auf dem Einsatz gebundener ländlicher Arbeitskräfte basierende Produktionsform, die sich bis ins 20. Jahrhundert hinein behaupten konnte. Auch die heimgewerblich produzierenden Textilbetriebe bestanden erstaunlich lange und blieben eng mit den adeligen Gutswirtschaften verbunden. Die wenigen bedeutenden Unternehmer der russischen Industrie rekrutierten sich zumeist aus Handelskreisen, sofern sie nicht aus dem Ausland zugezogen waren.

Insgesamt vermochte die staatlich initiierte und organisierte Industrialisierung Rußlands nicht in allen Fällen die Nachteile seiner Rückständigkeit wettzumachen. Ihr Erfolg blieb begrenzt und ungesichert. Ein neuer Versuch wurde erst nach Krieg und Revolution unter gänzlich veränderten Verhältnissen unternommen.

Industrialisierung Europas oder europäische Industrialisierung?

Bereits der bekannte englische Nationalökonom Alfred Marshall hatte am Ende des 19. Jahrhunderts in seinem Alterswerk[70] die Frage nach dem inneren Zusammenhang der europäischen Industrialisierung gestellt, die ihm als Zeitzeugen noch aus eigener Anschauung vertraut war. Zunächst sollte das in einer umfassenden Arbeit zur Wirtschafts- und Außenhandelsgeschichte geschehen, doch sein hohes Alter hinderte ihn daran, seiner theoretischen Fundierung, der »Neoklassik« in den »Principles«, noch eine empirische Untermauerung in ähnlichem Umfang nachzuschieben. Er versuchte jedoch, die sich wandelnden Formen des Wirtschaftens in einem Quervergleich der wichtigsten Industriewirtschaften seiner Zeit, insbesondere in einem Vergleich Frankreichs, Deutschlands, Großbritanniens und der Vereinigten Staaten, zu erfassen. So akzentuierte er die unterschiedlichen nationalen Wirtschaftsstile der genannten Volkswirtschaften und stellte sie einander gegenüber.[71]

Ob eine derartige Stilanalyse ein geeignetes Instrument der Wirtschaftsgeschichtsschreibung ist, mag dahingestellt sein.[72] Das Beispiel Marshalls zeigt aber, daß erstens auch in der Sicht theoretisch arbeitender Ökonomen Theorie und Geschichte bei der Erklärung wirtschaftlicher Entwicklung Hand in Hand gehen müssen; daß zweitens schon im 19. Jahrhundert das Bedürfnis nach empirischer Unterfütterung theoretischer Reflexionen vorhanden war und daß dies drittens durch einen systematischen Vergleich nationaler Entwicklungen angestrebt wurde. Daran können sich auch die folgenden Überlegungen orientieren, die die unterschiedlichen Industrialisierungserfahrungen der europäischen Nationen im 19. Jahrhundert miteinander in Beziehung setzen wollen.

Ist nun die Industrialisierungsgeschichte der wichtigsten europäischen Staaten nur als eine Aneinanderreihung individueller Entwicklungsverläufe zu verstehen – oder verbirgt sich dahinter ein einheitlicher Prozeß, eine »europäische Ökonomie«? Diese Frage ist bis heute umstritten, und mit Blick auf neuere Industrialisierungserfahrungen in der sogenannten »Dritten Welt« bezweifeln eine Reihe von Autoren die Existenz eines einheitlichen Wachstumsmusters für moderne Volkswirtschaften. Sie berufen sich dabei auf neuere Untersuchungen,[73] die in historischer Perspektive (*Kuznets*) oder auch auf der Basis neuerer internationaler Querschnittsanalysen *(Chenery & Sirquin)* die empirischen Elemente langfristigen Wirtschaftswachstums zusammenstellen und zeigen wollen, daß sich aus den gesammelten Fakten kein allgemeines Wachstumsmuster ableiten läßt. Die europäischen Erfahrungen des 19. Jahrhunderts wie die weltweiten Entwicklungsprozesse des 20. Jahrhunderts, so die Schlußfolgerung, widersprächen den Verallgemeinerungen von Wirtschaftshistorikern wie *Rostow* und *Gerschenkron*. Es habe demnach keinen eindeutigen und optimalen Entwicklungspfad für alle Staaten gegeben, und England sei insoweit kein »Modell« für die Industrialisierung Europas oder gar für die Entwicklungsländer unserer Zeit gewesen.

Diese neueren Einschätzungen widersprechen allen traditionellen Erklärungsbemühungen zur Ausbreitung der Industriellen Revolution, die, von England ausgehend, nach Kontinentaleuropa übergreifend schließlich die ganze Welt erfaßte. Die klassische, bereits von *Marx* vertretene Auffassung, daß die vorauseilenden Nationen den nachfolgenden ihre Zukunft zeigen, geht davon aus, daß England in der Tat ein »Modell« gesetzt habe, dem die anderen Nationen, wollend oder nicht, zu folgen hatten, so daß sie mehr oder weniger zwangsläufig in den allgemeinen Prozeß einer modernen gesellschaftlichen Entwicklung und des ökonomischen Wandels einbezogen wurden.

Nun ist es sehr schwer, wenn nicht unmöglich, auf einer allgemeinen Ebene und prinzipiell die Streitfrage nach dem »Modell« England zu entscheiden. Der zugrundeliegende Sachverhalt ist zu komplex. Es geht darum, die Frage nach dem inneren Zusammenhang der Industrialisierung Europas (und der Welt) aufzuwerfen und den Versuch zu unternehmen, die innere Einheitlichkeit des Prozesses der europäischen Industrialisierung zu rekonstruieren. Aber wie?

Dieser Frage wollen wir uns nun zuwenden und dabei nachzeichnen, wie und auf welche Weise die Industrielle Revolution in Großbritannien die Industrialisierung des europäischen Kontinents initiiert und vorangetrieben hat. Es handelt sich um eine begrenzte Problemstellung, die sich daher deutlich von der viel weiterreichenden Frage nach den Ursachen des säkularen ökonomischen Fortschritts der westlichen Welt seit der Frühen Neuzeit unterscheidet. Derartig umfassenden Fragestellungen wenden sich einige Autoren zu, die sich mit sehr herausgehobenen Titeln, wie zum Beispiel »How It All Began«, »How the West Grew Rich« und »The European Miracle«, diesem faszinierenden Thema widmen.[74] Unser Anliegen bleibt wesentlich bescheidener, und die hier vorherrschende europäische Binnenperspektive wird aus dem weiterrreichenden Forschungsinteresse junger Autoren gelegentlich ironisch als diejenige der »Klein-Engländer« apostrophiert.

Bei der traditionellen Interpretation der europäischen Industrialisierung, für die England das Modell war, dem alle übrigen Nationen folgten, stellen sich zwei Grundprobleme: erstens, wie die autonome englische Industrialisierung zu erklären ist, und zweitens, auf welche Weise die Impulse des britischen Expansionsprozesses auf andere Volkswirtschaften übertragen wurden. Der erste Teil dieses Erklärungszusammenhanges läßt sich auf die doppelte und in der Historiographie häufig diskutierte Fragestellung reduzieren: Warum England – und warum 1780? Die Antwort verweist zugleich auf den allgemeinen europäischen Kontext des ausgehenden 18. Jahrhunderts und knüpft damit an die grundlegende Frage nach der Existenz einer europäischen Wirtschaft an. *David Landes* hat in seinem Werk zur Industrialisierungsgeschichte Westeuropas[75] darauf hingewiesen, daß die westeuropäischen Gesellschaften sich am Vorabend der Industriellen Revolution auf einem Wohlfahrtsniveau befanden, das bereits deutlich über dem Subsistenzniveau lag und im Vergleich zu anderen Weltregionen beachtlich war. Er zitiert eine Berechnung von *Phyllis Deane*[76], die nachweist, daß das Pro-Kopf-Einkommen in England am Ende des 16. Jahrhunderts bereits auf dem Niveau zahlreicher Entwicklungsländer im Jahre 1965 gelegen habe. Westeuropa war demnach im späten 18. Jahrhundert, zu Beginn der Industrialisierung, relativ reich, und in Großbritannien war dieser Reichtum besonders groß, ein Produkt der bereits mindestens zweihundert Jahre andauernden »ursprünglichen« Akkumulation.[77]

Als wesentliche Faktoren für das Zustandekommen dieses frühen ökonomischen Fortschritts in Westeuropa sieht *Landes* zwei europäische Eigenarten an: einerseits den bedeutenden Umfang privater Unternehmertätigkeit, die sich wegen der bereits in der Frühen Neuzeit erfolgten präzisen Fixierung von Eigentumsrechten entfalten konnte, und andererseits das hohe Maß an Rationalität und Naturbeherrschung, das für das Denken und Handeln der westeuropäischen Menschen eine große Rolle spielte. Den Zugriff auf außereuropäische Ressourcen in den Kolonien dagegen wertet er nicht als entscheidende Komponente. *Eric Jones* allerdings mißt diesen »fiktiven Nutzflächen« beachtliche Bedeutung bei. Warum es nun unter diesen allgemein günstigen europäischen Bedingungen gerade England war, das als erstes den Sprung zu einer Industriewirtschaft schaffte, ist laut Landes nicht einfach zu beantworten. Gängige Erklärungsmuster, die auf eine Folge außerordentlich guter Ernten im 18. Jahrhundert, auf reiche Naturschätze (Kohle), klimatische und verkehrstechnische Vorteile oder das rasche Bevölkerungswachstum verweisen, lehnt *Landes* als »Pseudoerklärungen« ab. Er sieht vor allem in sozialstrukturellen Entwicklungen, wie der Verbürgerlichung der Aristokratie und der Etablierung einer ländlichen Lohnarbeiterschaft, sowie in den zahlreichen technischen Errungenschaften die Hauptursachen dafür, daß in England der Widerstand gegenüber einer kapitalistischen Expansion bereits am Ende des 17. Jahrhunderts gebrochen war. *Christoph Buchheim*[78] hat darauf hingewiesen, daß die vorindustriellen Produktivitätsfortschritte der britischen Wirtschaft im 18. Jahrhundert erstmals so groß waren, daß sie nicht wie in früheren Zeiten sogleich von einer stark wachsenden Bevölkerung aufgezehrt wurden, sondern ein gewisses Maß an »freien« Ressourcen zur Verfügung stellten. Diese versuchte man auf neue Weise zu nutzen, und es gelang, einen anhaltenden Wachstumsprozeß in Gang zu bringen, durch den ein Rückfall in die vorindustrielle malthusianische Armutsfalle vermieden werden konnte. Diese Institutionalisierung von Wirtschaftswachstum wird von Buchheim als der entscheidende Erfolg der Industriellen Revolution in Großbritannien angesehen. Im Kern ging es nun darum, diesen Erfolg ebenfalls in den übrigen westeuropäischen Staaten zu erzielen.

In der britischen Wirtschaft haben sich die Angebotsbedingungen im 18. Jahrhundert fortan wesentlich verbessert: Agrarrevolution und Bevölkerungswachstum sorgten für ein reichliches Arbeitsangebot, die Prosperität von Landwirtschaft und Handel trug zur Kapitalbildung bei, ein einheitlicher nationaler Markt konnte sich entfalten, Manufakturen förderten die Entwicklung von Technologien und Kenntnissen, und ein gut funktionierendes Kommerzsystem (Handel, Banken, Versicherungen etc.) unterstützte diese Entwicklung. Eine entsprechende Nachfrageausweitung schuf die Möglichkeit, die günstigen Angebotsbedingungen auch zu nutzen. Industrielle Unternehmer ergriffen die Chance, die Wirtschaft zu revolutionieren. Zur entscheidenden Ausweitung der Nachfrage trugen privater Verbrauch und private Investitionen, Export und staatliche Förderung bei. Die Expansion der heimischen Nachfrage beruhte einerseits auf dem rasanten Bevölkerungswachstum und auf dem forcierten Ausbau des Transportsystems, andererseits aber auch auf rapide wachsenden Baumwollexporten und staatlichen Förderungsmaßnahmen (Flottenbau, Navigationsakte). Diese expansiven Effekte schufen eine einmalige Situation, in der Baumwollexporte und Staatsnachfrage eine Initialzündung entfalten konnten, die dann, unterstützt durch eine Expansion des heimischen Marktes, eine breite, stabile Basis für die Industrialisierung schuf.

In den übrigen europäischen Staaten war diese einmalige glückliche Konstellation im 18. Jahrhundert nicht gegeben. Holland hatte mit dem Verlust seines internationalen Transportmonopols seine ökonomische Basis verloren, Frankreich schien in der kleinbäuerlichen Besitzstruktur und dem absolutistischen staatlichen Dirigismus gefangen, Spanien litt unter einer enormen Inflation und anderen negativen Effekten kolonialer Edelmetallzuflüsse, und Deutschland verharrte in einer rückständigen Agrarverfassung und Kleinstaaterei. Ein Rivale für die englische Industrie konnte in diesen Staaten vorerst noch nicht entstehen.

Warum die glückliche Konstellation für eine Expansion der englischen Wirtschaft sich gerade am Ende des 18. Jahrhunderts und nicht eher oder später in der Industriellen Revolution niederschlug, bedarf einer zusätzlichen Erklärung. Zunächst trugen langfristige Entwicklungen dazu bei, so die Verlagerung des Welthandelsverkehrs von den Binnenmeeren (Mittelmeer, Ostsee) auf den Atlantik. Der Überseehandel schuf auf diese Weise neue Bedürfnisse und eröffnete neue Absatzchancen, die von englischen Handelshäusern konsequent genutzt wurden. Auch die Entfaltung einer bürgerlichen Gesellschaft in England, deren Basis bereits in den Revolutionen von 1653 und 1688 gelegt wurde, verbesserte die Voraussetzungen für einen industriellen Durchbruch. Die Wirkungen dieser langfristigen Prozesse waren zwar nicht ausschließlich auf Großbritannien begrenzt, doch hier trat um 1780 eine merkliche Beschleunigung der Entwicklung ein; jetzt kulminierten die Wirkungen langfristiger Veränderungsprozesse. Neuerungen, insbesondere hinsichtlich sozialstruktureller und kultureller Wandlungen, zeigten nach einer gewissen Zeit der Umgewöhnung erste Auswirkungen. Es kamen weitere Erfindungen hinzu, Probleme im ökonomischen Verhalten wichtiger Gruppen, wie z. B. das Investitionsverhalten der Unternehmer und die Arbeitsdisziplin der Lohnarbeiter, wurden überwunden, und der Anstieg der landwirtschaftlichen Produktivität zeigte erste Früchte. All dies bereitete den Weg zum Durchbruch der Industriellen Revolution am Ende des 18. Jahrhunderts. So die traditionelle Interpretation.

Doch es gibt gegen diese Sichtweise ganz entschiedene Vorbehalte, die nicht nur die Fakten und Zusammenhänge, wie sie hier in Anlehnung an Landes knapp geschildert wurden, in Frage stellen, sondern die Problemstellung an sich für verfehlt halten. *Nik Crafts*[79] hat sich dazu in engagierter Weise geäußert und weist ähnlich wie schon *Landes* eine Reihe von Einzelerklärungen zurück, genauso aber auch ein kumulatives Erklärungsmuster[80] oder »Systeme« von verursachenden Faktoren. Crafts neigt dazu, die technische und ökonomische Entwicklung des 18. Jahrhunderts als einen Zufallsprozeß zu interpretieren. Er weist darauf hin, daß aus logischen Erwägungen ein singuläres Ereignis wie das der Industriellen Revolution in England niemals durch ein allgemeines Gesetz, eine Kausalhypothese oder ähnliches erklärt werden könne. Vergleichende Untersuchungen möglicher Ursachenbündel enthielten immer einen Rest von Unerklärbarem, der nicht nur Ausdruck unseres begrenzten Wissens, sondern zugleich der logischen Unmöglichkeit sei, singuläre Ereignisse allgemein zu erklären. Dieser grundsätzliche Einwand macht natürlich nicht die Erforschung der Entstehungsbedingungen der Industriellen Revolution überflüssig, aber die Blickrichtung ändert sich. Nicht das Ergebnis, sondern wichtige Voraussetzungen rücken in den Mittelpunkt des Interesses, und dabei hält Crafts die technischen Innovationen für besonders entscheidend.

Wie auch immer man das Entstehen der Industriellen Revolution in England betrachten mag, für die europäische Perspektive bleibt die Frage zentral, wie der erstmals in England erfolgreich initiierte ökonomische Expansionsprozeß auf den Kontinent übergriff, d. h., auf welche Weise der Prozeß industriewirtschaftlichen Wachstums übertragen wurde. Als Medien des Transfers konnten dabei prinzipiell Waren oder Produktionsfaktoren dienen, und beide Medien waren wirksam. Englische Waren zeigten den kontinentaleuropäischen Volkswirtschaften neue Märkte und Absatzchancen. Englische Arbeiter, Unternehmer, Technologien und englisches Kapital wurden importiert und wiesen dem Kontinent neue Wege der Produktion. Importsubstitution englischer Waren und Import englischer Produktionsverfahren waren die Strategien, mit denen die westeuropäischen Staaten den britischen Entwicklungsvorsprung wettzumachen suchten.

Folgte aber damit die Industrialisierung Europas genau dem Muster, welches das britische Modell vorgegeben hatte, oder wurde dieses Modell variiert, so daß sehr unterschiedliche Entwicklungswege beschritten wurden? Dieser letzteren Auffassung ist *Sidney Pollard*[81], der Europas Industrialisierung einer einzigen Wurzel, der britischen, entsprungen sieht, doch in den verschiedenen Erscheinungsformen innerhalb der einzelnen Nationen deutliche Mutationen des allgemeinen Grundmusters ausmacht, bedingt durch die jeweiligen nationalen Bedingungen und Umstände. Ähnlich argumentiert Buchheim, der eine Institutionalisierung von Wirtschaftswachstum in den verschiedenen europäischen Staaten nur durch Anpassung an die jeweiligen besonderen Bedingungen, insbesondere hinsichtlich der Faktorausstattung als möglich erachtet. Dennoch bleibt, trotz aller nationaler Eigenarten, die europäische Industrialisierung ein einheitlicher Prozeß, ein Prozeß, der sich jedoch nicht gleichförmig ständig an verschiedenen Orten wiederholt, sondern dauernd fortschreitend sich entwickelt. Seinen Anfang nahm er zweifellos in Großbritannien, und diesem Beispiel folgten die europäischen Staaten in ihren spezifischen Konstellationen nach.

Rainer Fremdling hat diesen Prozeß für den Aufbau der kontinentaleuropäischen Eisenindustrie beispielhaft untersucht.[82] Die europäischen Handelsströme spiegelten zu Beginn des 19. Jahrhunderts sehr genau die innere Produktions- und Produktivitätsentwicklung der europäischen Länder. Wegen deutlicher absoluter Kostenvorteile dominierte Großbritannien die internationalen Märkte. Diese Dominanz war begründet durch interne Produktivitätsvorteile, die Ausdruck günstigerer natürlicher Ressourcen, qualifizierterer Arbeitskräfte, fortschrittlicherer Technologien und eines größeren Binnenmarktes war. Der Aufholprozeß der kontinentaleuropäischen Länder folgte nun aber nicht genau dem britischen Modell – durch den Aufbau vertikal integrierter großer Werke –, sondern vollzog sich in einer eigentümlichen Symbiose mit dem traditionellen Eisengewerbe.

Um 1820 erwies sich daher die traditionelle Eisenindustrie des europäischen Kontinents gegenüber der modernen britischen Konkurrenz durchaus noch als lebensfähig, sie stellte eine Art »angepaßter« Technologie dar. Die traditionellen Ressourcen Holzkohle und Wasserkraft standen noch in ausreichendem Maße und entsprechend preiswert zur Verfügung. Ähnlich war es mit den Arbeitskräften, die für eine saisonale Beschäftigung im Eisengewerbe außerhalb der landwirtschaftlichen Hauptperioden ausreichend vorhanden waren. Die vorhandenen Kleinbetriebe reichten zur Versorgung der lokalen Nachfrage aus, und das herkömmlich gewonnene Roheisen hatte zudem noch einen Qualitätsvorsprung gegenüber dem neuen Koksroheisen.

Die Adaption der neuen »englischen« Eisenindustrie erfolgte dann sehr allmählich in Stufen und Sprüngen, ehe sich die neue Technologie langfristig als überlegen erwies. Der Aufholprozeß der europäischen Eisenindustrie war daher ein sehr zögerlicher. Erst der Ausbau der Verkehrsinfrastruktur (Eisenbahnen) auf dem Kontinent erschloß neue Ressourcen (Kohle und Eisenerz); das technische Wissen war durch Fachkräfte aus England importiert worden, wie die Maschinen und die Produktionsverfahren. Dennoch blieb das traditionelle Eisengewerbe gegenüber den englischen Technologien noch lange konkurrenzfähig, weil z.B. Roheisen billig aus England importiert, daraus aber auf traditionelle Weise Stabeisen hergestellt werden konnte. Auch ließen sich moderne Techniken mit traditionellen kombinieren: Puddelöfen waren in herkömmliche Betriebe integrierbar, wo die Roheisendarstellung weiterhin durch Holzkohle erfolgte, oder technische Neuerungen, wie z.B. der Einbau von Hochofengebläse oder das Erhitzen der Gebläseluft, ließen sich ebensogut in alten Holzkohlenhochöfen anwenden. Alles in allem gab es ungezählte Möglichkeiten der Kombination von Altem und Neuem, und die Expansion der Eisenindustrie war alles andere als eine bloße Imitation der neuen englischen Technologien. Unterstützt wurden diese Modernisierungsbemühungen durch staatliche Maßnahmen, zum Beispiel die Zollpolitik, die etwa in Preußen 1844 dazu führte, Stabeisenimporte mit einem Zoll zum Schutz der heimischen Erzeuger zu belegen, Roheisen aber davon auszunehmen, weil dieses als Rohstoff in der Weiterverarbeitung eine große Rolle spielte. Zahlreich sind auch die Beispiele zur Förderung von Blaupausenimporten.

Das geschilderte Beispiel der Diffusion neuer industrieller Produktionsweisen über den Austausch von Faktoren und Gütern in der europäischen Eisenindustrie legt es nahe, bei der Untersuchung der Übertragungsmechanismen ein besonderes Augenmerk auf die sektorale Ebene zu richten und diesen Diffusionsprozeß branchenmäßig differenziert zu untersuchen. Dafür plädiert auch *Nachoem*

M. Wijnberg[83], der die industrielle Revolution ausschließlich auf industrielle Sektoren bezogen analysiert sehen möchte. Wenn gerade technologische Entwicklungen eine so große Rolle bei der Industrialisierung spielten, dann sei es vor allem der Wettbewerb innerhalb von Sektoren und Branchen, die mit gleichen oder ähnlichen Technologien arbeiteten, der Fortschritte zustande kommen lasse. Neue Technologien und ihre Anwendungsmöglichkeiten seien meist eng auf bestimmte Branchen und Sektoren begrenzt.

Dieses Plädoyer für eine sektorale Disaggregation der Analyse des Industrialisierungsprozesses steht jedoch im Gegensatz zu einer traditionelleren Sicht der Industriellen Revolution, die sich auf die Entwicklung von Nationalstaaten bezieht. *Alexander Gerschenkron*[84] hat in diesem Sinne schon in den 1960er Jahren den Versuch gemacht, die unterschiedlichen Industrialisierungserfahrungen der europäischen Länder in eine gemeinsame Geschichte der europäischen Industrialisierung und des modernen Wirtschaftswachstums zu integrieren. Natürlich war die Industrialisierung in den verschiedenen Ländern kein gleichförmiger Prozeß, weil Nationalismen und Klassenspannungen sich spezifisch entwickelten und zu nationalen Besonderheiten führten. Darauf bezog sich bereits der eingangs erwähnte Alfred Marshall, der Unterschiede im Wirtschaftsstil von Volkswirtschaften durch Unterschiede im Nationalcharakter der verschiedenen Staaten zu erklären suchte. Dennoch gilt, in der längerfristigen Perspektive betrachtet, daß in ganz Europa ein allgemeiner und relativ einheitlicher Transformationsprozeß Raum griff, der Entwicklungsunterschiede einebnete und relative Rückständigkeiten verminderte. Unterschiedliche Grade ökonomischer Rückständigkeit blieben jedoch vorhanden und sind bis heute zu beobachten.

Auf diese Differenzen im Entwicklungsstand bezieht sich das Gerschenkronsche Konzept relativer Rückständigkeit: einerseits auf die Annahme einer trotz aller regionalen und nationalen Differenzen einheitlichen, über die Nation hinausgreifenden europäischen Wirtschaft und andererseits auf die beobachtbaren Variationen innerhalb der spezifischen historischen Verhältnisse. Die Industrialisierung Europas stellt seiner Meinung nach also einen einheitlichen, nicht jedoch einen identischen Prozeß ökonomischer

Entwicklung dar. Die Entwicklungsunterschiede seien aber nicht zufällig, sondern sie träten systematisch entsprechend dem Umfang der relativen Rückständigkeit eines Landes gegenüber dem Vorreiter auf. Damit sei ein »Maß«, ein »Modell« zur Bestimmung des Entwicklungsabstandes, der relativen Rückständigkeit impliziert. Im Vergleich der Industrialisierungsgeschichte der europäischen Staaten, insbesondere der Großbritanniens, Deutschlands und Rußlands, entwickelt Gerschenkron eine Systematik ökonomischer Rückständigkeit, die sich auf die Schnelligkeit der Industrialisierung, den Umfang der Kapitalgüterproduktion, die durchschnittliche Unternehmensgröße, den Konsumverzicht der Bevölkerung, die Bedeutung von Landwirtschaft sowie von neuen Institutionen und Ideologien bezieht. Warum gerade diese und nicht andere Elemente für die Systematik konstitutiv sind, lasse sich seiner Meinung nach nur aus der historischen Erfahrung herleiten und nicht theoretisch begründen.

Für das 19. Jahrhundert läßt sich mittels dieser Systematik eine Rangfolge der europäischen Volkswirtschaften im Hinblick auf ihre relative Rückständigkeit erstellen, die mit den übrigen Entwicklungsindikatoren weitgehend übereinstimmt. Es ist jedoch klar, daß ein derartig komplexer Erklärungszusammenhang nicht allein durch einen einzigen Indikator, wie z. B. das Sozialprodukt pro Kopf beschrieben werden kann, sondern die Rangfolge tentativ determiniert ist, auch wenn z. B. die Arbeiten von *Angus Maddison* dies zuweilen nahelegen. Zeitfolge, Wachstumsraten und sektoraler Strukturwandel bieten gleichwohl wichtige Anhaltspunkte, und *S. L. Barsby* machte bereits 1969 einen ersten Versuch zur empirischen Verifizierung des Gerschenkronschen Konzepts, dem zahlreiche weitere folgten.

Ein zusätzlicher wichtiger Gedanke Gerschenkrons ist der, daß die Vorbedingungen für eine Industrialisierung in den europäischen Staaten sehr unterschiedlich gewesen seien und zum Teil sogar gefehlt hätten, daß unzureichende oder fehlende Vorbedingungen jedoch substituiert werden könnten. Ein optimales Arrangement der Vorbedingungen der Industrialisierung, gemessen am britischen Vorbild, habe sich im 19. Jahrhundert nirgendwo in Europa gefunden. Daher seien die nachfolgenden Staaten gezwungen gewesen, ein Substitut zu entwickeln, etwa für die Genialität des frühindustriellen britischen Erfindertums ein exzellentes technisches Bildungssystem in Deutschland, oder wegen im Vergleich zu England mangelnder unternehmerischer Kapitalbildung ein Bankensystem wie in Deutschland oder gar eine Kapitalbildung über den Staatshaushalt wie in Rußland. Die Variationen der notwendigen Vorbedingungen sind zahlreich und vielfältig, sie dienen alle dem gleichen Zweck: der Förderung der industriellen Entwicklung.

Die Untersuchungseinheit Gerschenkrons bildet der Staat, d. h. die Nationalstaaten des 19. Jahrhunderts. Auf dieser Ebene sind die Institutionen, die für die Entwicklung der Vorbedingungen von ausschlaggebender Bedeutung sind, am besten zu erfassen. Auch empirische Daten lassen sich häufig nur auf dieser Ebene mobilisieren, so daß Staat und Nation im Hinblick auf das vorwiegende Interesse dieses Forschers eine durchaus mögliche und sinnvolle Untersuchungseinheit darstellen.

Gerade aber an dieser Annahme hat sich vielfältige Kritik entzündet. *Sidney Pollard* hat wiederholt darauf hingewiesen, daß nicht Staaten und Nationen, sondern kleinere Regionen den adäquaten räumlichen Bezugsrahmen für eine Analyse des Industrialisierungsprozesses böten. Seiner Meinung nach hat sich die europäische Industrialisierung als Prozeß innerhalb von Regionen vollzogen, die in einen europäischen Kontext einbezogen waren und für die staatliches Handeln bestenfalls irrelevant war. Aus den britischen Industrieregionen sprang der Funke der industriellen Revolution auf den Kontinent über und entzündete dort an wenigen Stellen ein ähnliches Feuer. Diese Wirtschaftsregionen reagierten in komplexer Weise unter Anpassung der jeweils sehr unterschiedlichen Bedingungen, die durch verschiedenartige Agrarstrukturen und Gewerbetraditionen (Protoindustrie, Manufaktur, Handwerk) geprägt waren. Bereits um 1815 lassen sich daher auch auf dem europäischen Kontinent verschiedene industrielle Führungsregionen finden.

Dazu zählten der belgische Industriegürtel, wo sich auf der Grundlage von Kohle und Eisen als erstes eine dem englischen Vorbild ähnelnde Industrie herausbilden konnte. In Nordfrankreich herrschten ähnliche Voraussetzungen, und daraus folgte eine vergleichbare Entwicklung. Das preußische Rheinland mit seinen traditionellen Eisengewerben verpaßte diese Entwicklung, statt dessen expandierte bald das rheinisch-westfälische Industrierevier an der Ruhr. In Sachsen bildeten die Textilindustrie und der Maschinenbau die Basis für eine deutliche frühindustrielle Expansion, während in Niederschlesien die Textilindustrie nicht Schritt halten konnte und statt dessen im nahen Oberschlesien ein neues schwerindustrielles Revier heranwuchs. In der nördlichen Schweiz wie auch im benachbarten Elsaß gründete sich die aufkommende Industrie auf Baumwolle, während in Zentralfrankreich neben der Seidenindustrie ebenfalls Kohle und Eisen eine Rolle spielten. Weitere kleinere industrielle Zentren von bis dahin geringer Bedeutung waren im Entstehen.

Vergleicht man nun die frühindustrielle Landkarte Europas mit der von 1875, so sieht man die frühen Zentren deutlich gewachsen und um eine beachtliche Anzahl ergänzt. Die Industrialisierung Europas war vorangeschritten, ohne jedoch flächendeckend zu sein. Der Industrialisierungsprozeß, dessen Kern Pollard in den technologischen Innovationen sieht, hatte sich entscheidend ausgebreitet. Das Moment dieser Entwicklung bildete nach Pollards Auffassung der Wettbewerb unter den Regionen: Solche mit geringeren Kosten aufgrund technologischer Vorteile und deshalb wettbewerbsfähigen Preisen konnten sich einen Vorsprung erwerben, der von den anderen Regionen latent bedroht war. Es waren demnach vor allem die Angebotsfaktoren, wie Ressourcen, Standort, Produktionsverfahren und nationale Handelspolitik, die regional gebunden und daher entscheidend waren. Weniger wichtig schienen die Nachfragefaktoren, da diese in der Regel nicht regional isoliert wirkten, bei Pollard daher nicht in die Betrachtung mit einbezogen werden.

Diese regionale Perspektive ergänzt in mehrfacher Hinsicht eine nationale Interpretation des Industrialisierungsprozesses. Sie veranschaulicht die kleinräumliche Dimension der Industrialisierung. Nicht England wurde industrialisiert, sondern Lancashire, Yorkshire und ähnliche Regionen, ebensowenig wie später Preußen insgesamt, sondern allenfalls das Ruhrgebiet, Oberschlesien usw.

industrialisiert wurde. Darüber hinaus wird aber auch der internationale Aspekt des Industrialisierungsprozesses akzentuiert. Die jeweiligen Regionen befanden sich überwiegend in Konkurrenz und Austauschbeziehungen mit ähnlich strukturierten Regionen in anderen Staaten, stärker jedenfalls als mit rückständigen Regionen im eigenen Staatsgebiet.

Ob diese regionale Interpretation des Industrialisierungsprozesses eine vollständige Alternative zu einer nationalen Sicht der Industrialisierung bietet, kann mit Recht bezweifelt werden. Nationalstaatliche Rahmenbedingungen, wie Rechtssystem, Zollschutz oder Bildungspolitik haben ebenfalls wesentlich zum Erfolg des grundlegenden Strukturwandels der Wirtschaft und für die Institutionalisierung des Wirtschaftswachstums beigetragen, so daß deren Nichtbeachtung eine unzureichende Erörterung des Problemzusammenhanges zur Folge hätte. Beide Perspektiven, die regionale und die nationale, ergänzen sich produktiv.

Was aber bleibt als grundsätzliche Erkenntnis aus diesem Durchgang durch die europäische Industrialisierungsgeschichte, ihren partiellen Erklärungsversuchen und ihrer integrativen Schau? War die europäische Industrialisierung also ein einheitlicher Entwicklungsprozeß innerhalb einer integrierten europäischen Ökonomie oder waren die jeweiligen nationalen Entwicklungen voneinander isoliert und extrem verschieden? Ein innerer Zusammenhang bestand gewiß, doch unklar bleibt, wie »eng« bzw. wie »weit« dieser Zusammenhang war. Seine Stringenz ist aber entscheidend dafür, ob Industrialisierung als einem allgemeinen Muster folgend angesehen werden kann, mit allen Konsequenzen einer Modellvorlage für die nachfolgenden Länder bis hin zur »Dritten Welt« unserer Tage. Oder aber, ob jedes Land relativ unbetroffen von den Erfahrungen der voranschreitenden Nationen seinen eigenen Entwicklungspfad suchen und finden muß. Die unmittelbaren historischen Erfahrungen geben keine Antwort auf diese Frage. Dazu bedarf es einer erneuten methodischen Reflexion.

Patrick O'Brien[85] sieht zwei grundsätzliche Möglichkeiten der Annäherung an diese Kernfrage einer vergleichenden Industrialisierungsgeschichte, die beide von den Erkenntnisinteressen der betroffenen Forscher geleitet sind und eine unterschiedliche methodische Orientierung implizieren. Man kann entweder die Gemeinsamkeiten zwischen den europäischen Ländern thematisieren oder ihre Unterschiede besonders hervorheben und kommt dabei im Hinblick auf die Einheitlichkeit des Industrialisierungsprozesses jeweils zu sehr verschiedenen Ergebnissen. In der historischen Realität finden sich sowohl Unterschiede als auch Gemeinsamkeiten im Entwicklungsprozeß der verschiedenen Nationen. Das Überwiegen des einen über das andere ist keinesfalls evident. Der Historiker muß sein theoretisches Vorverständnis und seine methodische Orientierung klären, ehe er mit der praktischen Forschertätigkeit beginnt. Auch hier sprechen die Quellen nicht für sich. Als grundlegende Orientierung einer methodischen Reflexion können dabei drei Prinzipien gelten, die sich auf die Definition, den Zeithorizont und die Aggregationsebene des Industrialisierungsprozesses beziehen.

Je nachdem, wie man Industrialisierung definiert, entweder sehr weit, als universalhistorischen Prozeß gesamtgesellschaftlichen Wandels, oder sehr eng, als ökonomischen Prozeß des sektoralen Strukturwandels der Wirtschaft, treten ganz unterschiedliche Elemente dieses Prozesses in den Vordergrund, und die Komplexität des Ansatzes variiert zugleich sehr stark mit dem verwendeten Begriff. Gleiches gilt für die historische Periode, die betrachtet wird, d. h. für den gewählten Zeithorizont. Bezieht man die ökonomischen Veränderungen seit dem Mittelalter mit ein, so ergeben sich naturgemäß andere Untersuchungsobjekte und Phasen, als wenn man die Untersuchung auf den relativ kurzen Zeitraum der industriellen Durchbruchphase, für Großbritannien die Zeit von 1780 bis 1850, beschränkt. Und auch der Aggregationsgrad einer Analyse determiniert ihre Ergebnisse. Eine Aggregation der nationalen ökonomischen Entwicklung nach Branchen vermag das Augenmerk auf »Führungssektoren« zu lenken, während eine solche nach Regionen »Führungsregionen« hervortreten läßt. Der Vergleich ganzer Volkswirtschaften ist aber ebenfalls sinnvoll. Es gibt keinen methodischen Königsweg zur Analyse der europäischen Industrialisierung im 19. Jahrhundert. Die Adäquatheit des Zugriffs für eine »Erklärung« ergibt sich aus dem gewählten Erklärungsproblem und beinhaltet eine grundsätzliche methodologische Vorentscheidung. Darüber gilt es, sich Klarheit zu verschaffen und den komplexen Prozeß der europäischen Industrialisierung im Hinblick auf Gemeinsamkeiten und Unterschiede zu würdigen. Diesem Band liegt eine recht enge Vorstellung von Industrialisierung zugrunde, nämlich als sektoraler Strukturwandel der Wirtschaft mit dem Ergebnis kontinuierlichen Wirtschaftswachstums. Damit treten naturgemäß die Gemeinsamkeiten der europäischen Staaten stärker in den Vordergrund, zumal es vor allem um die relativ kurzen Durchbruchphasen der verschiedenen nationalen Wirtschaften ging.

Christoph Buchheim[86] hat unlängst eine ähnliche Interpretation der Ausdehnung der Industriellen Revolution, von England ausgehend, auf den Kontinent und die Welt vorgelegt, ebenfalls gestützt auf die Untersuchung von nationalen Wirtschaften. Er nimmt an, daß es für die einzelnen Nationen eine Reihe von Möglichkeiten gegeben habe, auf die Herausforderung der Industrialisierung in einem fremden Land zu reagieren. Die jeweils gewählte Strategie habe dabei zwangsläufig zu unterschiedlichen Ergebnissen geführt. Das Zustandekommen der Industriellen Revolution in Großbritannien versucht er durch die Existenz zusätzlicher »freier« ökonomischer Ressourcen zu erklären, die in experimenteller Weise neuen Verwendungen zugeführt worden seien. Das Ergebnis dieses »Spiels« sei die Industrielle Revolution gewesen, das »Modell« England. Durch Technologie- und Kapitalexporte sowie durch die Handelsbeziehungen (komparative Kosten) habe sich diese Entwicklung auf andere Länder übertragen und die einzelnen Volkswirtschaften zu Reaktionen herausgefordert. Diese konnten naturgemäß nur im Rahmen der gegebenen Verhältnisse erfolgen, die wiederum durch die nationalen Ressourcen (Wissen, Rohstoffe etc.), durch die heimischen Gewerbetraditionen und bestimmte soziale Arrangements (Eigentumsrechte, politische Partizipation u. ä.) determiniert waren. Als Ergebnis zeigt sich ein nach den jeweiligen nationalen Voraussetzungen sehr unterschiedlicher Industrialisierungsprozeß, mit einer Vielzahl von industriellen Revolutionen, deren gemeinsames Charakteristikum die Institutionalisierung eines stetigen Wirtschaftswachstums war. Trotz aller

Vielfalt der historischen Entwicklungen wird dabei im Kern ein einheitliches ökonomisches Muster offenbar, dessen Einmaligkeit unlängst auch von *Hubert Kiesewetter* betont wurde.

Demgegenüber sehen *Jordan Goodman & Katrina Honeyman*[87] den Prozeß der europäischen Industrialisierung weitaus komplexer und langandauernder als die eher ökonomisch orientierten Autoren. In ihrer Perspektive erscheinen dann etwa technologische Innovationen für diesen Entwicklungsprozeß als weit weniger zentral, traditionelle Verfahren in den traditionellen Sektoren als weitaus prägender für die Entwicklung. Dennoch hätten Gemeinsamkeiten, Parallelitäten und Kontinuitäten zwischen den verschiedenen Ländern in der langen Sicht das Bild bestimmt und trotz aller zeitlicher und räumlicher Variationen zum gleichen Ergebnis geführt: zur modernen Industriewirtschaft. Der räumliche Bezug dieser Entwicklung läßt sich nach Meinung der Autoren nicht eindeutig bestimmen: Industrialisierung erscheint demnach weder als ein nationaler noch als ein regionaler Prozeß, sondern als ein Prozeß mit historisch wechselndem räumlichen Bezug. Einmal erscheine Europa oder gar die internationale Ökonomie als der relevante räumliche Bezug, ein andermal hingegen nur die Region oder der lokale Raum. Branchen und Wirtschaftsbereiche wechselten sich in ihrer Bedeutung ab, und alle diese Entwicklungen beträfen Zeiträume von Jahrhunderten. Natürlich treten bei dieser Sichtweise die Unterschiede zwischen den europäischen Volkswirtschaften stärker hervor.

Mir ging es in diesem Band darum, die Komplexität der Industrialisierung wichtiger europäischer Staaten zu veranschaulichen, ohne den inneren Zusammenhang dieser Entwicklung gänzlich aus den Augen zu verlieren. Ob sich dieser Zusammenhang offenbart, ist auch eine Frage der Nähe oder Ferne der Betrachtung, hinsichtlich Begriff, Zeitraum und Ebene der Industrialisierung, wobei die Perspektive gelegentlich wechseln kann. Auch schien mir eine zeitliche Begrenzung auf das »lange« 19. Jahrhundert von ca. 1780 bis 1913 geboten, gelegentlich ausgeweitet in sektoral und regional differenzierte Betrachtungsweise.

Anhang

Anmerkungen

1 Carlo M. Cipolla, Die Industrielle Revolution in der Weltgeschichte, in: ders./ Knut Borchardt (Hg.), Europäische Wirtschaftsgeschichte, Bd. 3: Die Industrielle Revolution, Stuttgart 1985, S. 1–10.

2 Ernst Nolte, Marxismus und Industrielle Revolution, Stuttgart 1983, S. 23; David Landes, The Fable of the Dead Horse, or, The Industrial Revolution Revisited, in: Joel Mokyr (Hg.), The British Industrial Revolution. An Economic Perspective, Boulder/Col. 1993, S. 132–170 (zitiert eine erste Erwähnung des Begriffs von 1799, S. 133).

3 Übersetzung nach Ernst Nolte, Marxismus [wie Anm. 2], S. 24.

4 Phyllis Deane/W. A. Cole, British Economic Growth 1688–1959. Trends and Structure, Cambridge 1969, S. 142.

5 N. F. R. Crafts, British Economic Growth During the Industrial Revolution, Oxford 1985, S. 23.

6 E. A. Wrigley/R. S. Schofield, The Population History of England 1541–1871, London 1981.

7 Crafts, British Economic Growth [wie Anm. 5], S. 73.

8 Eric J. Hobsbawm, Industrie und Empire, Bd. 1: Britische Wirtschaftsgeschichte seit 1750, Frankfurt a. M. 1969, insbes. S. 55–78.

9 Cipolla, Die Industrielle Revolution [wie Anm. 1], S. 1.

10 Eleonora Mary Carus-Wilson, An Industrial Revolution of the Thirteenth Century, in: dies. (Hg.), Essays in Economic History, Bd. 1, London 1955, S. 41–60.

11 Die Daten der Tabelle sind entnommen aus: Wolfram Fischer, Wirtschaft und Gesellschaft Europas 1815–1914, in: ders. (Hg.), Europäische Wirtschafts- und Sozialgeschichte von der Mitte des 19. Jahrhunderts bis zum Ersten Weltkrieg, Stuttgart 1985, S. 1–207, hier S. 126, und Gerold Ambrosius/William H. Hubbard, Sozial- und Wirtschaftsgeschichte Europas im 20. Jahrhundert, München 1986, S. 61.

12 Hobsbawm, Industrie und Empire, Bd. 1 [wie Anm. 8], S. 55.

13 Jordan Goodman/Katrina Honeyman, Gainful Pursuit. The Making of Industrial Europe 1600–1914, New York 1988, S. 135.

14 Phyllis Deane, The First Industrial Revolution, Cambridge 1969, S. 89.

15 Donald McCloskey, 1780–1860: a Survey, in: ders./Roderick Flond (Hg.), The Economic History of Britain since 1700, Bd. 1: 1700–1860, Cambridge 1994, S. 242–270.

16 Cipolla, Industrielle Revolution [wie Anm. 1], S. 1–10.

17 Deane/Cole, British Economic Growth [wie Anm. 4].

18 Crafts, British Economic Growth [wie Anm. 5], S. 45.

19 Die Daten für die Graphik sind entnommen aus: Greame Donald Snooks, Great Waves of Economic Change: The Industrialization in Historical Perspective, 1000 To 2000, in: ders. (Hg.), Was the Industrial Revolution Necessary? London 1994, S. 43–78 (für 1086 bis 1688) sowie aus Crafts, British Economic Growth [wie Anm. 5], S. 45 (für 1700 bis 1831).

20 David S. Landes, Der entfesselte Prometheus. Technologischer Wandel und industrielle Entwicklung in Westeuropa von 1750 bis zur Gegenwart, Köln 1973.

21 Zu den damaligen Grenzen, Provinzen und Regionen des Königreichs Belgien vgl. A. S. Milward/S. B. Saul, The Economic Development of Continental Europe 1780–1870, London 1963.

22 Pierre Lebrun u. a., Essais sur la révolution en Belgique 1770–1847, Brüssel 1979.

23 Joel Mokyr, Industrialization in the Low Countries 1795–1850, New Haven 1976, und knapper bei Rondo Cameron, France and the Economic Development of Europe 1800–1914, Princeton 1961, S. 329–368.

24 Jean Gardisseur, La Production Industrielle au XIXᵉ Siècle, in: Lebrun u. a., L'Industrialisation en Belgique [wie Anm. 22], S. 146 ff, hier: S. 153.

25 Ebd., S. 151.

26 Die Daten sind zitiert nach M. Laffut, Belgium, in: P. K. O'Brien, Railway and the Economic Development of Western Europe 1830–1914, S. 222, London 1983, und stammen aus Jean Gardisseur, Le Produit Physique de l'Économie Belge, 1831–1913, Présentation Critique des Données Statistiques, Bd. IX, S. 235, Lüttich 1980.

27 Rainer Fremdling, Technologischer Wandel und internationaler Handel im 18. und 19. Jahrhundert. Die Eisenindustrie in Großbritannien, Belgien, Frankreich und Deutschland, Berlin 1986, S. 78, 260, 262.

28 Milward/Saul, Economic Development [wie Anm. 21], S. 161.

29 Carl Ludwig Holtfrerich, Art. Wachstum der Volkswirtschaften, in: Handwörterbuch der Wirtschaftswissenschaft, Bd. 8, Tübingen 1980, S. 413–432, hier S. 417.

30 Thomas Robert Malthus, Eine Abhandlung über das Bevölkerungsgesetz oder eine Untersuchung seiner Bedeutung für die menschliche Wohlfahrt in Vergangenheit und Zukunft usw., Jena 1925, 2 Bde. (erstmals im engl. Original 1798, zweite revidierte Auflage 1803).

31 J. A. de Jonge, Großbritannien und Irland, Belgien und die Niederlande 1850–1914. Die Wirtschaft, in: Handbuch der Europäischen Wirtschafts- und Sozialgeschichte, Bd. 5, Stuttgart 1985, S. 330.

32 F. M. Scherer, Erfindung und Innovation bei der Entwicklung der Dampfmaschine durch Watt-Boulton, in: Rudolf Braun u. a. (Hg.), Industrielle Revolution. Wirtschaftliche Aspekte, Köln 1976, S. 139–160.

33 J. A. van Houtte, Economische en Sociale Geschiedenis von de Lage Landen, Antwerpen 1964, S. 243.

34 M. Lévy-Leboyer/F. Bourguignon, L'Économie Française au XIXᵉ Siècle. Analyse macro-économique, Paris 1985, S. 255.

35 M. Lévy-Leboyer/M. Lescure, France, in: R. Sylla/G. Toniolo (Hg.), Patterns of European Industrialization. The 19th Century, London 1992, S. 154.

36 Walt W. Rostow, Stadien wirtschaftlichen Wachstums. Ein nicht-marxistisches Manifest, Göttingen 1960.

37 J. Marczewski, The Take-Off Hypothesis and French Experience, in: W. W. Rostow (Hg.), The Economics of Take Off into Sustained Growth, London 1963, S. 121.

38 Ebd., S. 269.

39 Lévy-Leboyer/Lescure, France [wie Anm. 35], S. 154.

40 Zu den Problemen regionaler Differenzierung mehr bei den Ausführungen zur deutschen Industrialisierung weiter unten auf S. 101 – 107.

41 Gustav Schmoller, Grundriß der allgemeinen Volkswirtschaftslehre, Teil 1, Leipzig 1990, S. 424.

42 Lévy-Leboyer/Lescure, France [wie Anm. 35].

43 Lévy-Leboyer/Bourguignon, L'Économie Française [wie Anm. 34], S. 293.

44 Fremdling, Technologischer Wandel [wie Anm. 27], S. 80 – 117.

45 Sidney Pollard, Peaceful Conquest. The Industrialization of Europe 1760 – 1870, Oxford 1981, S. 138.

46 Die Daten stammen aus: Walther G. Hoffmann, Das Wachstum der deutschen Wirtschaft seit der Mitte des 19. Jahrhunderts, Berlin 1965, S. 454/55, und Reinhard Spree, Die Wachstumszyklen der deutschen Wirtschaft von 1840 bis 1880 mit einem konjunkturstatistischen Anhang, Berlin 1977, S. 370.

47 Zahlen errechnet nach Hoffmann, Wachstum [wie Anm. 47], S. 33.

48 Die Daten sind entnommen aus: Wolfram Fischer u. a., Sozialgeschichtliches Arbeitsbuch, Bd. 1, Materialien zur Statistik des Deutschen Bundes 1815 – 1870, München 1982, S. 52, und Toni Pierenkemper, The Standard of Living and Employment in Germany 1850 – 1980: An Overview, in: Journal of European Economic History 16 (1987), S. 51 – 73, hier: S. 61.

49 Die Daten sind entnommen aus: Friedrich-Wilhelm Henning, Die Industrialisierung in Deutschland 1800 bis 1914, Paderborn 1973, S. 130.

50 Walther G. Hoffmann/J. Heinz Müller, Das deutsche Volkseinkommen 1851 – 1957, Tübingen 1959, S. 18 – 21.

51 Hubert Kiesewetter, Industrielle Revolution in Deutschland 1815 – 1914, Frankfurt a. M. 1989, S. 230.

52 Die Daten der Tabelle sind entnommen aus: Toni Pierenkemper, Die schwerindustriellen Regionen Deutschlands in der Expansion. Oberschle-

sien, die Saar und das Ruhrgebiet im 19. Jahrhundert, in: Jahrbuch für Wirtschaftsgeschichte 1992/1, S. 37–56, hier S. 43.

53 Gunther Franz, Landwirtschaft 1800–1850, in: Hermann Aubin/Wolfgang Zorn (Hg.), Handbuch der deutschen Wirtschafts- und Sozialgeschichte, Bd. 2, Stuttgart 1976, S. 276–320, hier S. 308.

54 Gertrud Helling, Berechnung eines Index der Agrarproduktion in Deutschland im 19. Jahrhundert, in: Jahrbuch für Wirtschaftsgeschichte 1965/IV, S. 125–149, hier S. 140, und dies., Zur Entwicklung der Produktivität in der deutschen Landwirtschaft im 19. Jahrhundert, in: Jahrbuch für Wirtschaftsgeschichte 1966/I, S. 129–141, hier S. 140.

55 Zahlen aus Fischer u. a., Sozialgeschichtliches Arbeitsbuch, Bd. 1 [wie Anm. 49], S. 21, und Gerd Hohorst u. a., Sozialgeschichtliches Arbeitsbuch, Bd. 2, Materialien zur Statistik des Kaiserreichs 1870–1914, S. 22.

56 Vgl. dazu Pierenkemper, The Standard of Living [wie Anm. 49], S. 55. Abb. 5 ist angelehnt an: Wolfgang Zapf, Die Wohlfahrtsentwicklung in Deutschland seit der Mitte des 19. Jahrhunderts, in: Werner Conze/Rainer M. Lepsius (Hg.), Sozialgeschichte der Bundesrepublik Deutschland. Beiträge zum Kontinuitätsproblem, Stuttgart 1982, S. 47.

57 Hoffmann, Wachstum [wie Anm. 47], S. 104.

58 Fremdling, Technologischer Wandel [wie Anm. 27], S. 149.

59 W. L. Blackwell, The Industrialization of Russia. A Historical Perspective, New York 1970, S. 423.

60 Ebd., S. 424 f.

61 Ebd., S. 423 (1 pud = 16,3 kg).

62 Entwickelt aus Alexander Gerschenkron, Economic Backwardness in Historical Perspective. A Book of Essays, Cambridge/Mass. 1962.

63 Paul R. Gregory, Russian National Income 1885–1913, Cambridge 1982, S. 214.

64 Raymond W. Goldsmith, The Economic Growth of Tsarist Russia, 1860–1913, in: Economic Development and Cultural Change (1961), S. 441–475, hier: S. 462.

65 P. A. Chromov, Ekonomiceskoe razvitie Rossii v. XIX–XX vekach (Die wirtschaftliche Entwicklung Rußlands im 19. und 20. Jahrhundert 1800–1917), Moskau 1950, S. 452–55.

66 S. G. Strumilin, Ocerki ékonomiceskoj istorii Rossii i SSSR (Aufsätze zur Wirtschaftsgeschichte Rußlands und der UdSSR), Moskau 1966, S. 462.

67 P. J. Ljascenko, Istorija narodnogo choszjajstva SSSR (Geschichte der Volkswirtschaft der UdSSR), Moskau 1956, S. 69.

68 Strumilin, Ocerki ékonomiceskoj [wie Anm. 66], S. 463.

69 Chromov, Ekonomiceskoe razvitie, [wie Anm. 66], S. 468–471.

70 Alfred Marshall, Industry and Trade. A Study of Industrial Technique and Business Organization; and of their Influence on the Conditions of Various Classes and Nations, London 1919.

71 Volker Caspari, Alfred Marshalls »Industry and Trade« zwischen Wirtschaftsgeschichte und Wirtschaftstheorie (Referat zur 15. Tagung des
   Dogmenhistorischen Ausschusses des Vereins für Socialgeschichte,
   11.–13. 4. 1994 in Weimar).
72 Vgl. Heinrich Bechtel, Wirtschaftsgeschichte Deutschlands im 19. und
   20. Jahrhundert, München 1956. Neuerdings: Bertram Schefold, Wirtschaftsstile, 2 Bde. Frankfurt a. M. 1994.
73 Simon Kuznets, Modern Economic Growth. Rate, Structure and Spread,
   New Haven 1966; Hollis Chenery/Moses Syrquin, Patterns of Development 1950–1980, Oxford 1985.
74 Walt W. Rostow, How It All Began, Origins of the Modern Economy, London 1975; Nathan Rosenberg/E. L. Birdsell jr., How the West Grew Rich:
   The Economic Transformation of the Industrial World, New York 1986;
   E. L. Jones, The European Miracle. Environments, economics and geopolitics in the history of Europe and Asia, Cambridge 1981.
75 Landes, Der entfesselte Prometheus [wie Anm. 20], S. 26 ff.
76 Phyllis Deane, The First Industrial Revolution, Cambridge 1969, S. 5 ff.
77 Hobsbawm, Industrie und Empire, Bd. 1 [wie Anm. 8], S. 34 ff, S. 16 ff.
78 Christoph Buchheim, Industrielle Revolutionen. Langfristige Wirtschaftsentwicklung in Großbritannien, Europa und Übersee, München 1994,
   S. 45 ff.
79 N. F. R. Crafts, Industrial Revolution in Britain and France: Some
   Thoughts on the Question »Why Was England First?«, in: Economic History Review 30 (1977), S. 153–168.
80 Vgl. z. B. Ronald M. Hartwell, The Industrial Revolution and Economic
   Growth, London 1971.
81 Sidney Pollard, Industrialization and the European Economy, in: Economic
   History Review 26 (1973), S. 636–648.
82 Fremdling, Technologischer Wandel [wie Anm. 27], S. 272–375.
83 Nachoem M. Wijnberg, The Industrial Revolution and Industrial Economics, in: Journal of European Economic History, 1992/1, S. 153–167.
84 Alexander Gerschenkron, Economic Backwardness in Historical Perspective. A Book of Essays, Cambridge/Mass. 1962, und ders., Wirtschaftliche
   Rückständigkeit in historischer Perspektive, in: Hans-Ulrich Wehler (Hg.),
   Geschichte und Ökonomie, Köln 1973, S. 121–129.
85 Patrick O'Brien, Do we have a Typology for the Study of European Industrialization in the XIX Century, in: Journal of European Economic History, 1986/2, S. 291–333.
86 Buchheim, Industrielle Revolutionen [wie Anm. 79], S. 45 ff.
87 Ähnlich auch Hubert Kiesewetter, Das einzigartige Europa. Zufällige und
   notwendige Faktoren der Industrialisierung, Göttingen 1976.
88 Goodman/Honeyman, Gainful Pursuit [wie Anm. 13], S. 135.

183

Auswahlbibliographie

Ambrosius, Gerold/Hubbard, William H., Sozial- und Wirtschaftsgeschichte Europas im 20. Jahrhundert, München 1986

Blackwell, William, The Industrialization of Russia. A Historical Perspective, New York 1970

Ders., The Beginning of Russian Industrialization 1800–1860, Princeton 1968

Borchardt, Knut, Die industrielle Revolution in Deutschland, München 1972

Bovykin, V. I., Formirovanie finansogo v Rossi (Die Herausbildung des Finanzkapitals in Rußland), Moskau 1984

Braudel, Fernand, u. a., Conjoncture économique et structures sociales. Hommage à Ernest Labrousse, Paris 1974

Brose, Eric D., The Politics of Technological Change in Prussia, Princeton 1993

Brugmanns, I. J., Praadenkracht en Mensenmacht, Le Haye 1961

Buchheim, Christoph, Industrielle Revolutionen. Langfristige Wirtschaftsentwicklung in Großbritannien, Europa und Übersee, München 1994

Cameron, Rondo, A Concise Economic History of the World from Paleolithic Times to the Present, New York 1993

Ders., Belgium, in: ders. (Hg.) Banking in the Early Stages of Industrialization, New York 1967

Ders., France and the Economic Development of Europe 1800–1914, Princeton 1961

Chlepner, B. S., Cent ans d'Histoire sociale en Belgique, Brüssel 1956

Cipolla, Carlo M./Borchardt, Knut (Hg.), Europäische Wirtschaftsgeschichte, 5 Bde., Stuttgart 1985

Craeybeckx, J., Les débuts de la révolution industrielle en Belgique et les statistiques de la fin de l'Empire, in: Melanges G. Jacquennes, Brüssel 1968, S. 115–144

Crafts, Nik F. R., British Economic Growth during the Industrial Revolution, Oxford 1985

Chromov, P. A., Ekonomiceskoe razvitie Rossi v XIX–XX vekach (Die wirtschaftliche Entwicklung Rußlands im 19. und 20. Jahrhundert) 1800–1917, Moskau 1950

Clapham, J. H., The Economic Development of France and Germany 1815–1914, Cambridge 1966 (1921)

Crisp, Olga, Russia 1860–1914, in: Rondo Cameron (Hg.), Banking in the Early Stages of Industrialization, New York 1967

Dies., Labour and Industrialization in Russia, in: Cambridge Economic History of Europe, Bd. VII, Teil 2, Cambridge 1978, S. 308–415

Davis, R., The Industrial Revolution and British Overseas Trade, Leicester 1979

Deane, Phyllis / Cole, W. A., British Economic Growth 1688–1959. Trends and Structure, Cambridge 1966

Deane, Phyllis, The First Industrial Revolution, Cambridge 1969

Deprez, P., The Low Countries, in: William R. Lee (Hg.), European Demography and Economic Growth, London 1979

Devleeshouwer, P., Le consulat et l'empire: Période de take-off pour l'économie belge, in: Revue d'histoire moderne et contemporaine 17 (1970), S. 610–619

Dewerpe, A., Le monde du travail en France 1800–1950, Paris 1989

Dipper, Christof, Die Bauernbefreiung in Deutschland 1790–1850, Stuttgart 1980

Dubois, A., Essai d'évaluation du produit national Belge en 1846, Diss. Liège 1978

Dupriez, Leon, Comment in the Seventh Session, in: Walt W. Rostow (Hg.), The Economics of Take Off into Sustained Growth, London 1960, S. 366–378

Feinstein, Charles / Pollard, Sidney (Hg.), Studies in Capital Formation in the United Kingdom 1750–1920, Oxford 1988

Fine, A., La population française au XIXᵉ siècle, Paris 1991

Fischer, Wolfram / Bajor, Georg (Hg.), Die soziale Frage. Neuere Studien zur Lage der Fabrikarbeiter in der Frühphase der Industrialisierung, Stuttgart 1967

Fischer, Wolfram, Wirtschaft und Gesellschaft Europas 1850–1914, in: ders. (Hg.), Europäische Wirtschafts- und Sozialgeschichte von der Mitte des 19. Jahrhunderts bis zum Ersten Weltkrieg, Stuttgart 1985, S. 1–207

Ders., The German Zollverein. A Case Study in Customs Union, in: Kyklos. Internationale Zeitschrift für Sozialwissenschaften, Bd. XIII, 1960/1, S. 65–89

Ders. / Krengel, Rolf / Witog, Jutta, Sozialgeschichtliches Arbeitsbuch I. Materialien zur Statistik des Deutschen Bundes 1815–1870, München 1982

Flinn, M. W., The Origins of the Industrial Revolution, London 1966

Fohlen, Claude, Sociéties anonymes et développement capitaliste sous la monarchie censitaire, in: Histoire des Entreprises 6 (1966), S. 65–77

Fremdling, Rainer, Eisenbahnen und deutsches Wirtschaftswachstum 1840–1879, Dortmund 1975

Ders., Technologischer Wandel und internationaler Handel im 18. und 19. Jahrhundert. Die Eisenindustrie in Großbritannien, Belgien, Frankreich und Deutschland, Berlin 1986

Fuhrmann, Joseph T., The Origins of Capitalism in Russia. Industry and Progress in the Sixteenth and Seventeenth Century, Chicago 1972

185

Gardisseur, Jean, Le produit physique belge 1830–1913, Brüssel 1980

Gatrell, Peter, The Tzarist Economy 1850–1917, London 1986

Gerschenkron, Alexander, Economic Backwardness in Historical Perspective. A Book of Essays, Cambridge/Mass. 1962

Geyer, Dietrich (Hg.), Wirtschaft und Gesellschaft im vorindustriellen Rußland, Köln 1973

Goldsmith, Raymond W., Economic Growth of Tsarist Russia 1860–1913, in: Economic Development and Cultural Change, vol IX, 1961, S. 411–475

Goodman, Jordan/Honeyman, Katrina, Gainful Pursuit. The Making of Industrial Europe 1600–1914, New York 1988

Gregory, Paul, Wirtschaftliches Wachstum und struktureller Wandel im zaristischen Rußland. Ein Beispiel modernen wirtschaftlichen Wachstums?, in: Dietrich Geyer (Hg.), Wirtschaft und Gesellschaft im vorindustriellen Rußland, Köln 1975, S. 210–227

Ders., Russian National Income 1885–1913, Cambridge 1982

Harnisch, Hartmut, Kapitalistische Agrarreformen und Industrielle Revolution, Weimar 1984

Hartwell, Ronald, The Industrial Revolution and Economic Growth, London 1971

Henderson, William O., The Industrial Revolution on the Continent. Germany, France, Russia 1800–1914, London 1967

Helling, Gertrud, Nahrungsmittel-Produktion und Weltaußenhandel seit Anfang des 19. Jahrhunderts, Berlin (Ost) 1977

Heywood, Colin, The Development of the French Economy 1750–1914, Cambridge 1992

Hobsbawm, Eric J., Industrie und Empire. Britische Wirtschaftsgeschichte seit 1750, 2 Bde., Frankfurt a. M. 1969

Hoffmann, Walther G., Das Wachstum der deutschen Wirtschaft seit der Mitte des 19. Jahrhunderts, Berlin 1965

Hohorst, Gerd/Kocka, Jürgen/Ritter, Gerhard A., Sozialgeschichtliches Arbeitsbuch II. Materialien zur Statistik des Kaiserreichs 1870–1914, München 1978

Holtfrerich, Carl-Ludwig, Quantitative Wirtschaftsgeschichte des Ruhrkohlenbergbaus im 19. Jahrhundert, Dortmund 1973

Houtte, J. A. van, Economische Leven in Belgie, in: ders. u. a. (Hg.), Allgemeene Geschiedenis van de Nederlande, Bd. 10, Utrecht 1955

Ders., Die Niederlande 1650–1850, in: Ilja Mieck (Hg.), Europäische Wirtschafts- und Sozialgeschichte, Bd. 4, Stuttgart 1993, S. 311–363

Ders., Economische en Sociale Geschiedenis van de Lage Landen, Antwerpen 1964

Ders., Economic Development of Belgium and the Netherlands from the Beginning of the Modern Era, in: Journal of European Economic History (1972), S. 100–120

Hudson, Pat, The Genesis of Industrial Capital. A Study of the West-Riding Wool Textile Industry 1750–1850, Cambridge 1986

Isaev, G. S., Rol 'tekstilnaj promyslennosti v genezise i razvitii kapitalizma v Rossi 1760–1860 (Die Rolle der Textilindustrie bei der Entstehung und Entwicklung des Kapitalismus in Rußland), Leningrad 1970

Jones, Eric G., The European Miracle: Environments, Economics, and Geopolitics in the History of Europe and Asia, Cambridge 1981

Kahan, Arcadius, Capital Formation during the Period of Early Industrialization in Russia, 1890–1913, in: Cambridge Economic History of Europe, Bd. VII, Teil 2, Cambridge 1978, S. 265–307

Kocka, Jürgen, Weder Stand noch Klasse. Unterschichten um 1800, Bonn 1990

Ders., Arbeitsverhältnisse und Arbeiterexistenzen. Grundlagen der Klassenbildung im 19. Jahrhundert, Bonn 1990

Kirchner, Walter, Die deutsche Industrie und die Industrialisierung Rußlands 1815–1914, St. Katharinen 1986

Kriedte, Peter/Medick, Hans/Schlumbohm, Jürgen, Industrialisierung vor der Industrialisierung. Gewerbliche Warenproduktion auf dem Lande in der Formationsperiode des Kapitalismus, Göttingen 1978

Kuznets, Simon, Modern Economic Growth. Rate and Spread, New Haven 1966

Laffut, M., Belgium, in: Patrick K. O'Brien (Hg.), Railways and Economic Development in Western Europe 1830–1914, London 1983

Landes, David S., Der entfesselte Prometheus, Köln 1973

Lebrun, Pierre, Essai sur la révolution industrielle en Belgique 1770–1847, Brüssel 1979

Ders., Histoire quantitative et développement de la Belgique au XIX siècle, in: Hermann Kellenbenz und Jürgen Schneider (Hg.), Beiträge zur Wirtschaftsgesichte, Bd. 6, Bamberg 1980

Ders. u. a., L'Industrialisation en Belgique au XIXe siècle, in: P. Jean u. a. (Hg.), L'industrialisation en Europe en XIXe siècle, Paris 1972, S. 141–186

Ders., Histoire quantitative et développement de la Belgique au XIX siècle, in: H. Kellenbenz/J. Schneider (Hg.), Beiträge zur Wirtschaftsgeschichte, Bd. 6: Wirtschaftskräfte und Wirtschaftswege III. Auf dem Weg zur Industrialisierung, Bamberg 1978, S. 347–370

Lévy-Leboyer, Maurice, Les banques européennes et l'industrialisation dans la première moitié du XIXe siècle, Paris 1964

Ders., Bourgignon, F., L'Économie française au XIXe siècle, Paris 1985

Lesthage, R. J., The Decline of Belgium Fertility 1800–1970, Princeton 1976

Ders., Le procédé d'industrialisation: le cas de l'Angleterre et de la France, in: Revue Historique 486 (1968)

Ljascenko, P. J., Istorija narodnogo chozzjajstva SSSR (Geschichte der Volkswirtschaft der UdSSR), Moskau 1956

187

Maddison, Angus, Economic Growth in Japan and Russia, London 1969

Ders., Dynamic Forces in Capitalist Development. A Long-run Comparative View, Oxford 1991

Mantoux, Paul, The Industrial Revolution in the Eighteenth Century, London 1952

Marczewski, Jean, Introduction à l'histoire quantitative, Bd. 41, Genf 1965

Ders., The Take-Off Hypothesis and French Experience, in: W. W. Rostow (Hg.), The Economics of Take Off into Sustained Growth, London 1969

Mathias, Peter, The First Industrial Nation, London 1983

McCloskey, Donald/Floud, Roderick (Hg.), The Economic History of Britain since 1700, 3 Bde., Cambridge 1994

Milward, Allen S./Saul, S. B., The Development of Economics of Continental Europe 1850–1914, Oxford 1977

Dies., The Economic Development of Continental Europe 1780–1870, London 1973

Mitchell, B. R., European Historical Statistics 1750–1950, London 1981

Mokyr, Joel, The Industrialization in the Low Countries, New Haven 1976

Ders., The Industrial Revolution in the Low Countries in the First Half of the Nineteenth Century, in: Journal of Economic History (1974), S. 365–391

Neck, A. van, Le début de la machine à vapeur dans l'industrie belge 1800–1850, Brüssel 1979

Nef, J. U., The Progress of Technology and the Growth of Large-Scale Industry in Great Britain 1540–1640, in: E. M. Carus-Wilson (Hg.), Essays in Economic History, Bd. 1, London 1955, S. 88–107

Neijrink, M., Het Economische Leven in Belgie, in: J. A. van Houtte u. a. (Hg.), Allgemeene Geschiedenis van de Nederlande, Bd. 9, Utrecht 1956

Neuville, J., L'évolution des relations industrielles, Teil 1; L'avènement du système de relations collectives, Brüssel 1976

Nifontov, A. S., Zernovoe proizvodstvo Rossi vo vtroroij polovine XIX veka (Die Getreideproduktion Rußlands in der zweiten Hälfte des 19. Jahrhunderts), Moskau 1974

O'Brien, Patrik/Keyder, Calgar, Economic Growth in France and Britain 1780–1840, in: Economic Growth in Britain and France 1780–1914. Two Paths to the Twentieth Century, London 1978

Pollard, Sidney, Peaceful Conquest. The Industrialization of Europe 1760–1870, Oxford 1981

Portal, Roger, Die russische Industrie am Vorabend der Bauernbefreiung, in: Dietrich Geyer (Hg.), Wirtschaft und Gesellschaft im vorindustriellen Rußland, Köln 1975

Ders., The Industrialization of Russia, in: Cambridge Economic History of Europe, Bd. VI, Cambridge 1965

Raisin, A. G., Formirovanie rabocego klassa Rossi (Die Herausbildung der Arbeiterklasse Rußlands), Moskau 1958

Roehl, Richard, French Industrialization, in: Explorations in Economic History 1976/3, S. 233–281

Rosenberg, Nathan/Birosell, E. L. jr., How the West Grew Rich: The Economic Transformation of the Industrial World, New York 1986

Rostow, Walt W., The Economics of Take Off into Sustained Growth, London 1960

Ders., How it all Began. Origins of the Modern Economy, London 1975

Ders., The Stages of Economic Growth. A non-Marxist Manifesto, Cambridge 1960

Rozkova, M. K., Formirovanie kadrov pramyslamych rabocick v. 60-nache 80-ch godov XIX v. (Die Herausbildung von Industriearbeiter-Kadern in den 60er bis Anfang der 80er Jahre des 19. Jahrhunderts), Moskau 1974

Ryndzjunskij, P. G., Probleme der sozialökonomischen Entwicklung Rußlands in der zweiten Hälfte des 19. Jahrhunderts, in: Genesis und Entwicklung des Kapitalismus in Rußland, Berlin (Ost) 1973, S. 241–262

Scheibert, Peter, Die russische Agrarreformen von 1861. Ihre Probleme und der Stand ihrer Forschung, Köln 1973

Schöller, P., La transformation économique de la Belgique de 1832 à 1844, in: Institut de Recherches Économiques et Sociales (Hg.), Bulletin de l'Institut de Recherches Économiques et Sociales, Jg. 14, Dez. 1948, S. 525–596

Sepelev, L. E., Carizm i burznazija vo vtoroj polovine XIX veka. Problemy torgovopromsylennoij politiki (Zarismus und Bourgeoisie in der zweiten Hälfte des 19. Jahrhunderts. Probleme der Handels- und Industriepolitik), Leningrad 1981

Ders., Akcionernye koinpranii v Rossi (Die Aktiengesellschaften in Rußland), Leningrad 1973

Strumilin, S. G., Ocerki ekonomiceskoj istorii Rossii i SSSR (Aufsätze zur Wirtschaftsgeschichte Rußlands und der UdSSR), Moskau 1966

Sylla, Richard/Toniolo, Gianni (Hg.), Patterns of European Industrialization. The Nineteenth Century, London 1991

Teich, Mikulas/Porter, Roy, The Industrial Revolution in National Context, Cambridge 1996

Thompson, Edward P., Die Entwicklung der englischen Arbeiterklasse, 2 Bde., Frankfurt a. M. 1987

Tilly, Richard, Vom Zollverein zum Industriestaat. Die wirtschaftlich-soziale Entwicklung Deutschlands 1834 bis 1914, München 1990

Trebilcock, C., The Industrialization of the Continental Powers, London 1981

Wischermann, Clemens, Preußische Stadt und westfälische Unternehmer zwischen Spätmerkantilismus und Liberalismus, Köln 1992

Wrigley, E. A./Schofield, R. S., The Population History of England 1541–1871, London 1981

Tabellenverzeichnis

Abbildungsverzeichnis

Zeittafel

1597–1601	das Armenrecht in England wird auf eine gesetzliche Basis gestellt
1651	Navigationsakte diskriminiert ausländische Schiffe mit Fracht für England (1849 aufgehoben)
1690	Denis Papin, ein französischer Arzt, erfindet eine erste, einfache atmosphärische Kolbendampfmaschine
1698	Thomas Savary, englischer Offizier, konstruiert eine erste Dampfdruckpumpe
1709	Abraham Darby erzeugt in Coalbrokedale erstmals brauchbares Roheisen mit dem Einsatz von Steinkohle im Hochofen
1712	Thomas Newcomen, Schmied, Werkzeugmacher und Eisenhändler, kombiniert wichtige Elemente der Erfindungen von Papin und Savary und entwickelt eine funktionstüchtige Dampfpumpe
1717	Einführung des Goldstandards für die britische Währung
1719	erste Newcomen-Dampfmaschine im belgischen Steinkohlenbergbau
1720	»Bubble Act« unterbindet die Gründungen von Aktiengesellschaften in England (bis 1867 gültig)
1733	John Kay erfindet das fliegende Schiffchen (»flying shuttle«) und vermag damit die Leistungsfähigkeit des Handwebstuhles entscheidend zu verbessern
1735	erster Steinkohlenhochofen in England
1736	Joshua Ward entdeckt ein Verfahren zur Herstellung von Schwefelsäure (Kammerverfahren)
1742	B. Huntsmann entdeckt das Tiegelstahlverfahren
1750	gesetzliches Verbot zur Ausfuhr von Maschinen, Werkzeugen und Zeichnungen aus England für die Woll- und Seidenverarbeitung (1774 auf Baumwoll- und Leinenverarbeitung ausgeweitet)
1762	John Smeaton entwickelt ein Gebläse zur Erhöhung der Schmelztemperatur im Hochofen
1764	James Hargreaves, Mechaniker, erfindet eine einfach funktionierende mechanische Spinnmaschine (»spinning-jenny«), Patent 1767
1767/68	Versuche des Erschmelzens von Roheisen mittels Steinkohlenkoks in Sulzbach/Saar
1769	Richard Arkwright, Friseur und Perückenmacher, erhält ein Pa-

	tent für eine verbesserte Flügelspinnmaschine (»water-frame«), 1771 Spinnfabrik mit Wasserkraft
	James Watt erhält ein Patent auf eine atmosphärische Dampfmaschine, mit der er bereits seit 1759 experimentierte
1775	Le Blanc entwickelt ein Verfahren zur künstlichen Herstellung von Soda
	John Wilkinson entwickelt eine Präzisionszylinderbohrmaschine
1779	Samuel Crompton, Textilarbeiter, verbessert die mechanischen Spinnmaschinen entscheidend für den fabrikmäßigen Einsatz (»mule«)
1781	generelles Ausfuhrverbot für Maschinen und Zeichnungen der Textilindustrie aus England (1843 wieder aufgehoben)
1783	erstes modernes Hüttenwerk in Belgien (Charleroi)
1784	Henry Cort, Marinelieferant, entwickelt ein Verfahren der Schmiedeeisengewinnung aus Roheisen unter Einsatz von Steinkohle (Puddelverfahren)
1784	erste mechanische Baumwollspinnerei auf dem Kontinent: Firma Brüggemann in Ratingen bei Düsseldorf
1785	Edmund Cartwright, Schriftsteller und Pfarrer, erhält das Patent für einen mechanischen Webstuhl
1788	Einsatz einer Dampfmaschine auf dem Silber- und Bleibergwerk Friedrichsgrube in Tarnowitz, Oberschlesien
1793	Erfindung einer Baumwollentkernungsmaschine
1796	erster Kokshochofen des Kontinents in der staatlichen Eisenhütte zu Gleiwitz in Oberschlesien
1798	Liewens Bauwens gründet die erste mechanische Baumwollspinnerei in Belgien
1799	erste mechanische Wollspinnerei in Deutschland durch den Grafen von Einsiedel in Sachsen errichtet
1798/99	Einführung einer Einkommenssteuer in England
1801	»Generals Enclosure Act« (erleichterte die Einhegungen durch Parlamentsbeschluß)
	Gewinnung von Chlorgas auf elektrochemischem Wege
	im Ruhrbergbau erstmals Einsatz einer Dampfmaschine zur Wasserhaltung (Zeche Vollmond)
1807	Preußisches Oktoberedikt zur »Bauernbefreiung«
	Robert Fulton stellt in New York das erste dampfgetriebene Segelschiff vor
1815	Korngesetze zum Schutz der britischen Erzeuger (1846 wieder aufgehoben)
	George Stephenson entwickelt eine voll funktionsfähige Lokomotive
	Gründung der Maschinenbauanstalt Cockerill in Berlin

1818	Preußisches Zollgesetz zur Vereinheitlichung des preußischen Wirtschaftsraumes
1820	Hans Christian Oersted gelingt der Nachweis des Zusammenhanges von Magnetismus und Elektrizität
	erste Bleikammer in Deutschland (Dresden) zur Herstellung von Schwefelsäure
1820	Dampfantrieb in belgischer Baumwollspinnerei
1821	Ablösungsordnung zur Regelung der Eigentumsverhältnisse der Bauern mit partiellen Eigentumsrechten in Preußen
1821	erster Kokshochofen in Belgien
1823	John Cockerill errichtet einen Kokshochofen in Searing/Belgien
1824	Einführung des Puddel- und Walzprozesses in Deutschland durch Christian und Ferdinand Remy auf dem Rasselstein bei Neuwied
1829	J. B. Neilson erfindet das Heißluftgebläse im Hochofenprozeß
1830	erste Fabrikation von Soda durch das Ammoniakverfahren von Thorn
	staatliche Selbständigkeit Belgiens
1831	ein englischer Essigfabrikant erhält ein Patent zur Herstellung von Schwefelsäure mittels des Kontaktverfahrens
1832	Friedlieb Ferdinand Runge entdeckt das Anilin
	erstes Heißluftgebläse für Hochofen in Deutschland
	August Wilhelm Hoffmann analysiert das Benzol (entdeckt 1825 durch Michael Faraday)
1834	Beginn des Eisenbahnbaus in Belgien
1835	erste deutsche Eisenbahn von Nürnberg nach Fürth
1837	Einführung des Puddelverfahrens in der Eisenindustrie des Urals
1838	Zeche Kronprinz im Ruhrgebiet erreicht bei einer Tiefe von 100 m das erste Flöz
	Beginn des Eisenbahnbaus in Rußland
1839	»Preußisches Regulativ« begrenzt die Arbeitszeit von Frauen, Kindern und Jugendlichen in Fabrikbetrieben
1840	erste Dampfmaschine in der Zuckerindustrie der Ukraine eingesetzt
1848	Gründung des Schaffhausenschen Bankvereins als erste deutsche Aktienbank
1849	erster Kokshochofen im Ruhrgebiet (Friedrich-Wilhelms-Hütte in Mühlheim)
1850	Ablösungsgesetz beendet die Reform der Agrarverfassung in Preußen
1851	Weltausstellung im Crystal Palace in London
	Miteigentümergesetz erleichtert Privatinitiative im preußischen Bergbau
1852	Gründung der Crédit Mobilier in Frankreich

1853	preußisches Fabrikgesetz verbietet Kinderarbeit unter 12 Jahren
1855	Henry Bessemer erfindet das Windfrischverfahren zur Herstellung von Stahl aus Roheisen
1856	William Henry Perkin entdeckt das Mauvein, den ersten synthetischen Farbstoff, aus Steinkohlenteer gewonnen
1857	Börsenpanik in New York im Oktober als Auslöser der »ersten« Weltwirtschaftskrise
1859	Verguin entdeckt das Fuchsin, den zweiten synthetischen Farbstoff des Steinkohlenteers
1860	Aufgabe der Schutzzollpolitik in Frankreich (frz.-engl. Handelsvertrag)
1861	Entdeckung des Solvay-Sodaverfahrens
	Aufhebung der Leibeigenschaft in Rußland/Beginn der Agrarreformen
1863–65	fünf deutsche Chemieunternehmen werden gegründet, die später alle Weltgeltung erlangen
1864	Gründung der ersten privaten russischen Aktienbank in St. Petersburg
1865	»Joint Stock Companies Act« ermöglicht Gesellschaftsformen mit beschränkter Haftung in Großbritannien
	Emile und Pierre Martin stellen in einem Flammofen aus Roheisen und Schrott Stahl her, sie nutzen dazu den 1856 von Werner Siemens entwickelten Regenerativ-Gasofen
1866	Werner Siemens entdeckt das dynamoelektrische Prinzip und entwickelt Dynamomaschinen (Elektromotoren)
1867	Freigabe der Gründung von Aktiengesellschaften in Frankreich
1869	Zollermäßigung für gewerbliche Importe in Rußland (1881 wieder aufgehoben)
1875	Einführung der Mark als neue deutsche Währung und Gründung der Reichsbank
	Entwicklung des Kontaktverfahrens zur Herstellung von Schwefelsäure gleichzeitig in England und Deutschland
1878	Sidney B. Thomas und Percy C. Gilchrist erfinden ein Verfahren, das es erlaubt, auch phosphorhaltiges Roheisen mittels des Windfrischverfahrens in Stahl umzuwandeln
1879	Einführung von Eisen- und Kornzöllen im Deutschen Reich (Schutzzölle)
1881	Ankündigung einer Sozialversicherung im Deutschen Reich
1885	erster Kraftwagen von Gottlieb Daimler und Carl Benz
	Gebrüder Mannesmann erfinden das Walzen nahtloser Stahlrohre
1890	Gewinnung von Chlor im Großbetrieb auf elektrochemischem Wege (Griesheim)

1891	Internationale Elektrotechnische Ausstellung in Frankfurt am Main
1892	Sergei Witte wird Finanzminister in Rußland (bis 1903)
1897	Bindung des Rubels an den Goldstandard (Goldrubel)
1906	Beginn der Stolypinschen Argarreformen in Rußland
1911	»National Insurance Act« begründet eine Sozialversicherung in Großbritannien
	gesonderte Angestelltenversicherung in Deutschland sowie Reichsversicherungsordnung

Register

199

Europäische Geschichte

Herausgegeben von Wolfgang Benz

Konzeption: Wolfgang Benz,
Rebekka Habermas und Walter H. Pehle

Band 60113

Band 60101

Band 60102

Europa entdecken – die neue Reihe

Die neue Fischer-Buchreihe *Europäische Geschichte* lädt ein
zur Entdeckung Europas, blickt weit über nationale Grenzen
hinweg und macht mit einem breiten Themenspektrum gemeinsame, aber auch trennende historische Entwicklungen deutlich.

Die 65 Autorinnen und Autoren der *Europäischen Geschichte*
bieten aus höchst unterschiedlichen Perspektiven neuartige historische Überblicke von der Antike bis zur Gegenwart.

Die Buchreihe *Europäische Geschichte* besteht ausschließlich
aus Originalausgaben. Die knappen und gut lesbaren Darstel-
lungen wenden sich an ein breites Publikum, das sachliche Information ebenso schätzt wie deren anschauliche Darbietung.

Fischer Taschenbuch Verlag

fi 1701 / 3 a

Europäische Geschichte
Herausgegeben von Wolfgang Benz

Gerold Ambrosius
Wirtschaftsraum
Europa
Vom Ende der
Nationalökonomien
Band 60148

Jerzy W. Borejsza
Schulen des Hasses
Faschistische
Systeme in Europa
Band 60160

Claude Carozzi
Weltuntergang
und Seelenheil
Apokalyptische
Visionen im
Mittelalter
Band 60113

Christophe Charle
Vordenker
der Moderne
Die Intellektuellen
im 19. Jahrhundert
Band 60151

Werner Dahlheim
An der Wiege
Europas
Städtische Freiheit
im antiken Rom
Band 60105

Jerzy Holzer
Der Kommunis-
mus in Europa
Politische
Bewegung und
Herrschaftssystem
Band 60161

Victor Karady
Gewalterfahrung
und Utopie
Juden in der euro-
päischen Moderne
Band 60159

Ulrich Linse
Geisterseher und
Wunderwirker
Heilssuche im
Industriezeitalter
Band 60164

Günther Lottes
Stadtwelten
Urbane Lebens-
formen in der
Frühen Neuzeit
Band 60124

Kaspar Maase
Grenzenloses
Vergnügen
Der Aufstieg der
Massenkultur
1850-1970
Band 60143

Chr. Markschies
Zwischen den
Welten wandern
Strukturen
des antiken
Christentums
Band 60101

Fischer Taschenbuch Verlag

Europäische Geschichte

Herausgegeben von Wolfgang Benz

Wilfried Nippel
Bürger und Polis
Antike und
moderne Freiheit
Band 60104

Toni Pierenkemper
**Umstrittene
Revolutionen**
Die Industria-
lisierung im
19. Jahrhundert
Band 60147

Ronnie
Po-chia Hsia
Gegenreformation
Die Welt der
katholischen
Erneuerung
1540-1770
Band 60130

Rolf E. Reichardt
**Das Blut
der Freiheit**
Französische
Revolution und
demokratische
Kultur
Band 60135

Saskia Sassen
**Migranten,
Siedler, Flüchtlinge**
Von der Massenaus-
wanderung zur
Festung Europa
Band 60138

Fred E. Schrader
**Die Formierung
der bürgerlichen
Gesellschaft**
1550-1850
Band 60133

Helga Schultz
**Handwerker,
Kaufleute,
Bankiers**
Wirtschafts-
geschichte Europas
1500-1800
Band 60128

Peter G. Stein
**Römisches Recht
und Europa**
Die Geschichte
einer Rechtskultur
Band 60102

Clemens
Zimmermann
**Die Zeit der
Metropolen**
Urbanisierung
und Großstadt-
entwicklung
Band 60144

Fischer Taschenbuch Verlag